# Ein Handbuch für den Unterricht in biblischer Geschichte

Eugene Kohn

Writat

Diese Ausgabe erschien im Jahr 2023

ISBN: 9789359254241

Herausgegeben von
Writat
E-Mail: info@writat.com

# Inhalt

# EINLEITENDE HINWEISE

Die jüdische pädagogische Literatur steckt noch in den Kinderschuhen. Während im vergangenen Jahrhundert von vielen Autoren mehr oder weniger zufriedenstellende Lehrbücher für Kinder herausgegeben wurden, ist das Bemühen, dem Lehrer geeignetes Material für seine Anleitung im Unterricht zur Verfügung zu stellen, erst in jüngster Zeit entstanden und das Angebot war bisher sehr groß leicht. Die Schüler unserer verschiedenen Normalschulen und insbesondere die große Armee von Lehrern, die über das ganze Land verstreut sind und nicht den Vorteil einer normalen Schulausbildung hatten, sind oft gezwungen, zur Information und Anleitung auf Werke christlicher Autoren zurückzugreifen. Diese können ihnen zwar die Fakten und die anerkannteste Darstellungsmethode liefern, sie können ihnen jedoch nicht den jüdischen Standpunkt vermitteln, der für den jüdischen Lehrer so wichtig ist. Wie der verstorbene Dr. Schechter einmal bemerkte: „Wir können unsere Liebesbriefe nicht für uns schreiben lassen. Wir müssen sie selbst schreiben, auch auf die Gefahr hin, eine schlechte Grammatik zu bekommen." Wir müssen unseren Lehrern Bücher an die Hand geben, die ihnen Loyalität und Hingabe an das Judentum vermitteln, die ihnen die richtige Einstellung zur Bibel und zur jüdischen Tradition vermitteln und ihnen ein angemessenes Verständnis der jüdischen Bestrebungen und Ideale vermitteln .

Mit diesem Ziel vor Augen hat der Bildungsausschuss der Vereinigten Synagoge Rabbi Eugene Kohn gebeten, das Werk vorzubereiten, das nun der jüdischen Öffentlichkeit vorgelegt wird. Dem Autor ist sein Unterfangen vortrefflich gelungen und er hat ein Werk geschaffen, das wertvolle Hilfen für den ernsthaften Lehrer enthält, der bestrebt ist, seinen Beruf besser auszuüben. Dieser Band, der das Ergebnis umfangreicher Unterrichtserfahrung, genauer Kenntnis der Quellen der jüdischen Geschichte und harter Arbeit ist, liefert korrekte und angemessene Daten über die behandelten Lektionen und gibt Anregungen für die Art und Weise, wie jede einzelne Lektion an die Schüler vermittelt werden soll durchschnittliches Kind und, was vielleicht am wichtigsten ist, eine erhabene Einstellung, die der Lehrer seiner Arbeit gegenüber annehmen sollte. Während die Verantwortung für das Werk vollständig beim Autor liegt, ist das Komitee erfreut, als erste Veröffentlichung ein Werk präsentieren zu können, das einem dringenden Bedarf so umfassend entspricht. Es ist zu hoffen, dass diesem Buch noch viele weitere Bände folgen werden, die zur besseren Ausstattung des jüdischen Lehrerberufs beitragen können.

JULIUS H. GREENSTONE , Vorsitzender
*des Bildungsausschusses der*
*United Synagogue of America* .

PHILADELPHIA , 11. Juni 1917.

# EINFÜHRUNG

**Zweck des Handbuchs.** In den letzten Jahren wurde der Verbesserung der jüdischen Erziehungsmethode, was den Unterricht in der hebräischen Sprache betrifft, einige Aufmerksamkeit gewidmet, aber der Unterricht in biblischer Geschichte hat, obwohl er einen wichtigen Platz in den Lehrplänen unserer Religionsschulen einnimmt, relativ an Bedeutung gewonnen wenig Beachtung bei unseren Pädagogen, zumindest bei denen mit orthodoxen und konservativen Tendenzen. Aus reformatorischer Sicht stellen einige neuere Veröffentlichungen, obwohl sie die Mängel aufweisen, die alle frühen Bemühungen in irgendeiner Richtung zwangsläufig aufweisen, einen entschiedenen pädagogischen Fortschritt gegenüber der älteren unmethodischen Art und Weise dar, wie das Fach gelehrt wurde. Aus Sicht des traditionellen Judentums sind sie jedoch unzureichend, so hilfreich einige ihrer pädagogischen Vorschläge auch sein mögen, da sie von einem anderen Ideal geleitet werden. Dieses Handbuch versucht , den Lehrer der biblischen Geschichte aus der Sicht des traditionellen Judentums zu unterstützen. Denn wer unter diesem Gesichtspunkt die Art und Weise betrachtet, in der biblische Geschichte gelehrt wird, muss zu dem Schluss kommen, dass wir nicht nur die pädagogischen Werte, die das Studium der biblischen Geschichte bietet, nicht in vollem Umfang erkennen, sondern wir geben unseren Kindern oft auch viel falsche Vorstellungen von den Bibelfiguren und den Lehren, die die Geschichte ihres Lebens Israel lehren soll. Die Entwicklung eines guten Studiums der biblischen Geschichte kann nicht die Arbeit eines einzelnen Mannes sein und kann auch nicht auf einmal durchgeführt werden. Es besteht jedoch die Hoffnung, dass die in diesem Buch enthaltenen Vorschläge dem ernsthaften Lehrer dabei helfen können, seinen Unterricht fruchtbarer zu gestalten und gute Ergebnisse für das Judentum zu erzielen.

**Drei Faktoren bestimmen die Unterrichtsmethode.** Bei jeder Erörterung pädagogischer Methoden in einem bestimmten Studienzweig müssen drei Faktoren berücksichtigt werden: das Ziel des Unterrichts, das zu lehrende Fach und das Kind – seine Denkweise, Interessen und Fähigkeiten.

DAS ZIEL. Das erste, was wir bedenken müssen, ist, dass das Ziel aller jüdischen Bildung ein jüdisches Leben sein muss; dass das Ziel jedes Zweigs des jüdischen Studiums nicht in erster Linie in Bezug auf die zu vermittelnden Informationen, sondern in Bezug auf die zu pflegenden jüdischen Denk- und Handlungsgewohnheiten formuliert werden muss. Daraus folgt, dass sich die biblische Geschichte, wie sie von einem Juden gelehrt wird, der an die Autorität der Tora und der Mizwot über unser Leben glaubt, stark von demselben Thema unterscheiden muss, wie es von jemandem gelehrt wird, für den das Judentum lediglich eine Reihe moralischer Maximen und deren Dogma ist die Einheit. Dieses Buch, das versucht, das Problem aus der Sicht des traditionellen Judentums zu behandeln, geht davon aus, dass das Hauptziel des Unterrichts in biblischer Geschichte darin besteht, dem Kind eine Wertschätzung für die religiösen Ideale zu vermitteln, die das Leben Israels in der Vergangenheit geprägt haben , mit einem Verständnis dafür, wie sich dieselben Ideale in den religiösen Institutionen der Gegenwart ausdrücken, und mit dem Wunsch, die historischen Ziele der Existenz Israels durch Identifikation mit dem institutionellen Leben Israels, das heißt durch die Einhaltung der Mizwot, zu fördern, Zugehörigkeit zur Synagoge usw. Insbesondere müssen wir im Kind das Gefühl seiner persönlichen Identität mit seinem Volk schaffen, denn dies ist der Hebel, durch den die Ereignisse der biblischen Erzählung den Juden zu aktivem Interesse am Judentum bewegen können. Er muss das Gefühl haben, dass Gottes Wahl Israels bedeutet, dass Gott ihn dazu auserwählt hat, ein bestimmtes Leben zu führen, das Leben der Tora, und dass er, wenn er es nicht schafft, dieses Leben zu leben, gegen Gott sündigt und sein Volk verrät. Er sollte stolz auf die Helden seiner Nation sein und sich der Verpflichtungen bewusst sein, die ihm seine edle Abstammung auferlegt. Er muss dazu gebracht werden, die spirituelle Verwandtschaft zu entdecken, die ihn in der Vergangenheit, Gegenwart und Zukunft mit dem Rest Israels verbindet. Solange uns dies nicht gelingt, ist es uns nicht gelungen, die biblische Geschichte zu lehren.

**Falsche und richtige Zielvorstellung dargestellt.** Mangelnde Wertschätzung dieser Ziele hat oft dazu geführt, dass die biblische Erzählung so behandelt wird, als wäre sie lediglich eine Reihe moralischer Geschichten oder zumindest Geschichten, in die eine Moral hineingelesen werden kann. Nach dieser Methode wird die Verbindung des jüdischen Volkes heute mit dem Volk der Bibel fast völlig ignoriert und es gibt keinen nennenswerten Unterschied in der Art und Weise, wie die Ereignisse der biblischen Erzählung gelehrt werden und, sagen wir, die Vorfälle einiger höchst moralischer Natur Märchen oder Folklore anderer Völker. Um ein Beispiel zu geben, zitiere ich die folgende Zusammenfassung einer Lektion über „Moses' Rückkehr nach Ägypten":

„ Dann können wir also diese beiden edlen Dinge aus unserer Lektion lernen: Bescheidenheit ziert jeden, selbst die größten Menschen, ja, sehr oft sind die größten Menschen die bescheidensten. Und außerdem: Wenn wir begonnen haben, etwas zu tun, lasst es uns mit allen tun." unsere Kraft und bleibe dabei, bis es zu Ende ist, egal was es ist, sei es eine Schulstunde oder die Befreiung eines Volkes; was sich lohnt, überhaupt getan zu werden, ist es wert, gut getan zu werden."

Man könnte sich vorstellen, dass die gleiche Moral mit der Geschichte von George Washington oder Cincinnatus verbunden und durch sie ebenso wirkungsvoll zum Ausdruck gebracht wird. Der Unterschied zwischen der richtigen und der falschen Methode, die biblische Erzählung aus der Sicht des Ziels einer solchen Unterweisung zu behandeln, wird deutlich, wenn wir das oben Gesagte mit der einfachen Zusammenfassung derselben Lektion in der Pessach-Haggada vergleichen:

„Sklaven waren wir dem Pharao in Ägypten, und der Herr, unser Gott, führte uns von dort mit starker Hand und ausgestrecktem Arm. Und wenn der Heilige, gesegnet sei er, unsere Väter nicht aus Ägypten geführt hätte, siehe, wir und unsere Kinder und die Kinder unserer Kinder könnten immer noch Knechte des Pharao in Ägypten sein. Und weiter: „In jeder Generation ist man verpflichtet, sich selbst so zu betrachten, als wäre er persönlich aus Ägypten gekommen, wie es heißt: ‚Und du sollst es deinem Sohn an jenem Tag sagen: Es ist wegen dem , was der Herr getan hat.‘ für mich, als ich aus Ägypten auszog.‘ Nicht nur unsere Väter hat der Heilige, gesegnet sei er, erlöst, sondern auch uns hat er mit ihnen erlöst, wie es heißt: „Und uns hat er von dort herausgeführt, um uns hierher zu bringen, um uns das Land zu geben, das er hatte.“ unseren Vätern geschworen.“‘

Nach der Methode des ersteren Zitats ist die biblische Geschichte nicht mehr auf das Kind bezogen als die Geschichte der Ilias, nach der letzteren ist es seine eigene Geschichte, deren Studium ihm zur Selbsterkenntnis, zur Kenntnis seines Judentums verhilft Selbst, das Wissen um die Bande, die ihn mit seinen jüdischen Mitbrüdern und das jüdische Volk mit seinem Gott verbinden. Über die Auswirkung einer klaren Vorstellung vom Ziel des Unterrichts in der biblischen Geschichte, wenn man sie in Bezug auf das jüdische Leben betrachtet, auf die Unterrichtsmethode könnte noch viel mehr gesagt werden, aber ein Studium der in diesem Buch gegebenen Lehren wird ausreichen, um dies ohnehin zu erklären Aufgrund der Notwendigkeit einer weiteren Vertiefung können wir dazu übergehen, den zu lehrenden Stoff als bestimmenden Faktor für die Unterrichtsmethode zu betrachten.

**Das Thema: Biblische Geschichte.** Ich habe das Thema durchgehend nicht als jüdische Geschichte, sondern als biblische Geschichte bezeichnet, und ich habe dies mit Bedacht getan. Denn der Begriff jüdische Geschichte verpflichtet nicht zu der Interpretation der frühen Geschichte unseres Volkes, die in der Bibel zu finden ist. Aus jüdischer Sicht ist die Bibel sowohl in ihren erzählerischen Teilen als auch in ihren Gesetzen die Thora, also die maßgebliche Lehre. Es erinnert nicht nur an die frühen Ereignisse der jüdischen Geschichte, sondern nimmt eine bestimmte Haltung zu diesen Ereignissen ein und sieht in ihnen die Offenbarung einer göttlichen Absicht; Es erzählt nicht nur die Taten biblischer Helden, sondern fällt auch ein Urteil über sie, mal billigend, mal missbilligend; und genau diese Einstellung zur jüdischen Geschichte, diese Interpretation der Bedeutung historischer Ereignisse muss im Leben des Kindes beeinflusst werden. Wenn wir lediglich die jüdische Geschichte als solche lehren und die Bibel lediglich als Quellenbuch dieser Geschichte betrachten würden , könnten wir die Geschichte des Exodus etwa auf diese Weise erzählen:

„Die Kinder Israels, die zu Beginn ihres Aufenthalts in Ägypten von den ägyptischen Herrschern gut behandelt worden waren, wurden aufgrund eines Dynastiewechsels der Unterdrückung ausgesetzt und gezwungen, für die Pharaonen Zwangsarbeit zu leisten. Sie nutzten jedoch eine Reihe von Vorteilen aus von Katastrophen, die Ägypten heimsuchten, die ihre Anführer Moses und Aaron den Ägyptern als Zeichen des göttlichen Zorns deuteten, den sie aufgrund ihrer Unterdrückung der Israeliten erlitten hatten, und so Ägypten in einem Körper verließen.

Der obige Bericht ist jüdische Geschichte, aber keine biblische Geschichte, denn er sagt nichts über die Bedeutung dieser Ereignisse aus, wie sie in der Bibel betrachtet werden. Es sagt uns nicht, dass Moses von Gott gesandt wurde, es weiß nichts über den Bund mit Abraham, dessen Erfüllung diese Ereignisse sind, es sieht daher im Exodus kein Glied in einer Kette von Ereignissen, die ihren Anfang im Exodus hat Wahl Abrahams und ihre Vollendung in der Offenbarung am Sinai. Was in der biblischen Erzählung am auffälligsten ist, ist das *E ẓ ba Elohim* , „der Finger Gottes", in der rein historischen Darstellung kann dies ganz weggelassen werden.

**Muss der jüdischen Geschichte eine biblische Moral verleihen.** Wenn überhaupt, würden nur sehr wenige Lehrer an unseren jüdischen Schulen den Fehler machen, die in der Bibel erzählten Ereignisse lediglich als kalte Tatsachen zu lehren, ohne zu versuchen, ihnen religiöse Bedeutung zu verleihen, obwohl häufige Rationalisierungsbemühungen in diese Richtung tendieren. Das Ziel der Vermittlung der Frühgeschichte unseres Volkes wird größtenteils als religiöses Ziel empfunden und fordert eine religiöse Interpretation der aufgezeichneten Ereignisse. Wir sind nicht abgeneigt, den Geschichten, die wir unseren Kindern erzählen, eine Moral beizumessen, aber wir scheitern daran, dass wir uns vorstellen, dass jede Moral, die wir in die Geschichte hineininterpretieren können, zufriedenstellend sei. Wir haben bereits gezeigt, wie die Berücksichtigung des Ziels des Unterrichts in der biblischen Geschichte aus der Sicht des traditionellen Judentums dieser Methode entgegensteht und die Moral einschränkt, die im Zusammenhang mit einer bestimmten Geschichte gelehrt werden sollte, aber die Berücksichtigung des Themas – Die zu lehrende Materie schränkt sie noch weiter ein. Wir müssen nicht nur jeder Episode der biblischen Erzählung eine jüdische Moral verleihen, sondern wir müssen dem Kind auch die spezifische Moral vermitteln, die die Bibel selbst dieser Episode beimisst. Wenn wir unsere Bibel ernst nehmen, wenn wir ihre Interpretation der Ereignisse unserer Geschichte als im Wesentlichen wahr betrachten, als tatsächlich Teil der Tora, als eine göttliche Offenbarung, dann wird es zu unserer Pflicht, unseren Kindern diese Interpretation der Ereignisse zu geben und nicht eine andere . Manchmal entschuldigen wir uns für die Pervertierung der biblischen Moral damit, dass Kinder, weil sie Kinder sind , oft nicht begreifen können, was die biblische Lehre wirklich ist. Wenn dies in einem bestimmten Fall der Fall ist, ist es besser, dem Kind diese Geschichte überhaupt nicht beizubringen, als sie zu verfälschen. Aber normalerweise können die Ideen der Bibel dem Kind nahegebracht werden, wenn wir uns nur die Mühe machen, sie in die Sprache der Kindheit zu übersetzen und sie aus der eigenen Erfahrung des Kindes zu veranschaulichen. Es liegt vor allem an der Trägheit des Lehrers, dass wir so häufig gegen den biblischen Sinn einer Geschichte verstoßen. Ich habe gehört, wie die Geschichte von Abrahams Scheidung von Hagar so erzählt wurde, als wäre es ein bloßer Familienstreit, in dem Sarah durch zänkische Beharrlichkeit schließlich den sanftmütigen und unterwürfigen Abraham dazu bringt, Hagar, die ihre Eifersucht geweckt hatte, etwas widerwillig wegzuschicken. Abraham wurde zu einem eher zweifelhaften Helden gemacht, der die Tugend der Friedensliebe verkörperte – Frieden um jeden Preis, wie die Erzählung zeigte –, und Sarah wurde als gemein und gottlos gehandelt. Hätte diese Lehrerin ihre Bibel sorgfältig und intelligent gelesen, bevor sie zum Unterricht kam, hätte sie sich nicht einer solch grotesken Verzerrung der biblischen Geschichte schuldig machen können, die sie nicht nur trivial, sondern auch lächerlich macht. Sie hätte dann erkannt, dass Ismael aus demselben Grund von Isaak getrennt werden musste, wie Lot von Abraham und Esau von Jakob getrennt werden mussten, weil sie nicht zu dem Samen gehörten, aus dem Israel hervorgehen sollte; dass wir bereits vor der Geburt Ismaels die Prophezeiung erfahren haben, die Hagar erzählt wurde: „Und er wird ein Wildesel sein; seine Hand wird gegen jeden Menschen sein und die Hand eines jeden wider ihn" (Genesis 16, 12). Sie hätte bemerkt, dass in den Worten der Rabbiner „Abraham in der Prophezeiung Sarah untergeordnet war" und dass genau wie Isaak fälschlicherweise eine Vorliebe für Esau zeigte, Abraham flehte, als ihm die Geburt Isaaks vorhergesagt wurde: „Oh, dass Ismael leben möge." vor dir!" und dass die Bibel die überlegene prophetische Einsicht Sarahs anerkennt, indem sie uns sagt, dass Gott Abraham ausdrücklich geboten hat: „Lass es dir nicht übel sein wegen des Knaben und wegen deiner Magd; in allem, was Sarah ist." mag zu dir sagen: Höre auf ihre Stimme; denn in Isaak wird dein Same genannt werden. Obwohl die Geschichte zweifellos pädagogische Schwierigkeiten mit sich bringt, ist es sicherlich nicht unmöglich, einem Kind beizubringen, dass Gott vorhergesehen hat, dass Ismael ein „ *pere" sein würde Adam* " (ein Wildesel von einem Mann), dass er nicht wollte, dass das auserwählte Volk, das das gelobte Land erben sollte, solche Eigenschaften besaß, und dass deshalb Ismael weggeschickt werden musste, damit Isaak und seine Nachkommen Sie könnten zu den großen Menschen werden, zu denen er Abraham versprochen hatte. Auf diese Weise spricht die Bibel für sich selbst und erzählt eine Geschichte, die für das Kind genauso verständlich ist wie die, die der Lehrer, den ich erwähnt habe, erzählt hat, genauso verständlich und unendlich viel besser Erbaulich. Ich habe dieses Beispiel etwas ausführlicher dargelegt, weil es mir typisch für den Unfug erscheint, der angerichtet werden kann, wenn man in die biblische Erzählung irgendeine Moral hineininterpretiert, die vielleicht zur Hand ist, anstelle der Moral, die die Bibel selbst beabsichtigt hat.

**Bedarf an Bibelstudium für Lehrer.** Dieses Handbuch wird sich bemühen, in jeder Lektion nach bestem Wissen und Gewissen des Autors darzulegen, was die biblische Moral der Lektion ist. Da Interpretationen jedoch immer Meinungsverschiedenheiten unterliegen, kann das Studium der in den Kapiteln enthaltenen Vorschläge den Lehrer nicht von der Verantwortung entbinden, vor dem Betreten des Klassenzimmers sorgfältig und unabhängig die Bibelstellen zu studieren, deren Geschichte er erzählen möchte unterrichten.

**Das Kind als bestimmende Methode.** Und nachdem er sich die Bedeutung der biblischen Erzählung zu eigen gemacht hat, muss er lernen, wie er sie dem Kind auf eine Weise vermitteln kann, die sie nicht nur verständlich, sondern auch interessant macht, und das alles, ohne das Ziel der Unterweisung zu opfern. Eine adäquate Behandlung der Methode des biblischen Geschichtsunterrichts unter dem Gesichtspunkt der Interessen und Fähigkeiten des jüdischen Kindes ist derzeit nicht möglich. Wir brauchen Jahre des Studiums und Experimentierens in dieser Richtung, bevor wir ihm vollständig gerecht werden können, aber einige allgemein anerkannte pädagogische Prinzipien können hier kurz in ihrer Bedeutung für unser Thema betrachtet werden. Wir haben von der Notwendigkeit der Anstrengung seitens des Lehrers gesprochen, um den Unterricht verständlich und interessant zu gestalten, und werden daher zwei Fragen besondere Aufmerksamkeit widmen: (1) Wie kann der Unterricht verständlich gemacht werden? (2) Wie kann es interessant gemacht werden? Der Einfachheit halber werden wir die Fragen getrennt behandeln , obwohl sie tatsächlich untrennbar miteinander verbunden sind. Denn von einem Kind kann weder erwartet werden, dass es sich für das interessiert, was es nicht versteht, noch kann man es dazu bringen, etwas zu verstehen, das auch nur die geringste Schwierigkeit mit sich bringt, ohne ihm die anhaltende Aufmerksamkeit zu schenken, die nur Interesse von ihm hervorrufen kann.

**Wie man den Unterricht verständlich macht. Gehen Sie vom Bekannten zum Unbekannten.** Die wichtigste Regel, die es zu beachten gilt, um die Lehre verständlich zu machen, ist die bekannte Binsenweisheit, dass man vom Bekannten zum Unbekannten gehen und das Unbekannte immer wieder anhand dessen definieren muss, was dem Kind bereits bekannt ist. Wie bei den meisten Binsenweisheiten wird die Wahrheit dieser Aussage häufiger anerkannt als angewendet. Nehmen Sie zum Beispiel den allerersten Satz in einer der biblischen Geschichten, die für Kinder gedacht sind. Darin heißt es: „Am Anfang schuf Gott den Himmel und die Erde, das ist die ganze sichtbare Welt." Gab es jemals einen Menschen, der nicht wusste, was Himmel und Erde bedeuteten, und dennoch wusste, was die gesamte sichtbare Welt bedeutete? Vergleichen Sie dazu Folgendes aus einem anderen Lehrbuch:

„Vor langer, langer Zeit lebte niemand auf dieser Erde, die heute so voller Menschen ist.

„Hier gab es überhaupt keine Lebewesen: kein Vieh, keine wilden Tiere, keine Vögel, keine Schmetterlinge oder Insekten jeglicher Art und keine Fische im Meer.

„Vorher gab es hier keine grünen Pflanzen, kein Gras, keine Bäume, keine Blumen.

„Am Anfang schuf Gott den Himmel und die Erde.

„Am Anfang war eine Zeit, die so lange her ist, dass niemand weiß, wann sie war."

Wie viel besser ist es, die Schöpfungsgeschichte auf der Grundlage dessen zu beginnen, was das Kind über erschaffene Objekte erlebt hat, als mit der Nichtexistenz und dem Chaos zu beginnen. Nur wenige von uns sind sich bewusst, wie viele Begriffe, die bei uns gebräuchlich sind, für das Kind nichts bedeuten. Dies gilt insbesondere für Begriffe, die in der Bibel verwendet werden und Dinge beschreiben, die im Urorient bekannt, im modernen Abendland jedoch wenig bekannt sind, wie etwa Altar, Opfer, Stiftshütte, Karawane, um nur einige zu nennen.

**Vermeiden Sie formale Definitionen.** An dieser Stelle ist jedoch Vorsicht vor einer zu pedantischen Anwendung dieses Prinzips der Definition der im Unterricht des Kindes verwendeten Begriffe geboten. Beispielsweise stellt ein Buch mit Bibelgeschichten für kleine Kinder der Schöpfungsgeschichte ein Vokabular voran, das Erklärungen für Wörter wie „Erde", „Dunkel", „ Licht", „Himmel", „Unter", „Über", „Gut", „Ruhe" enthält. Aber es muss klar sein, dass ein Kind, das ohne vorherige Erklärung solche einfachen Wörter nicht verstehen kann, überhaupt nicht in der Lage ist, vom Unterricht in der biblischen Geschichte zu profitieren. Es ist möglich, eine Geschichte so mit Definitionen zu überladen, dass der gesamte Erzählfaden verloren geht. Wir müssen aufpassen, dass unsere Schüler den Wald nicht allein wegen der Bäume nicht sehen. Der konstruktiven Vorstellungskraft des Kindes, das seine eigenen Definitionen aus dem Stoff der Erzählung selbst aufbaut, muss ausreichend Rechnung getragen werden. Kinder hatten schon immer ein Verständnis für Märchen, ohne dass ihnen jemals die Begriffe Fee, Hexe, König und Prinzessin definiert worden wären. Wenn Sie einem Kind erzählen, dass der König mit seiner Krone auf dem Kopf und dem Zepter in der Hand auf einem hohen Thron saß, während sich das ganze Volk vor ihm verneigte, wird das Kind dies erkennen, obwohl es noch nie einen Thron gesehen hat etwas ist, auf dem Könige sitzen, dass eine Krone etwas ist, das ein König auf seinem Kopf trägt, ein Zepter etwas, das ein König in seiner Hand hält, und dass ein König ein Mann ist, der sich von anderen Menschen unterscheidet und vor dem sie sich verneigen, eine sehr gute Arbeitsdefinition eines Königs, die jeden aufwändigen Versuch, den Begriff des Königtums für ein Kind zu definieren, völlig überflüssig machen würde. Tatsächlich sollte eine formale Definition wo immer möglich vermieden werden, und der geschickte Lehrer wird wissen, wie er eine Geschichte dazu bringen kann, ihre eigenen Begriffe auf die gleiche Weise zu definieren, wie der Satz, den wir gerade als Beispiel gegeben haben, für das Kind die vier unbekannten Begriffe definiert hat: König , Thron, Krone und Zepter . Tatsächlich kann die wichtigste Idee von allen, die wir dem Kind vermitteln müssen, nicht einmal für uns selbst anders definiert werden, nämlich die Idee von Gott. Die zu befolgende allgemeine Regel lässt sich wie folgt formulieren: Definieren Sie für das Kind niemals einen Begriff, den die Geschichte selbst definieren kann, sondern definieren Sie jeden notwendigen Begriff, den die Geschichte selbst nicht definieren kann. In diesem Zusammenhang ist anzumerken, dass die beste Definition für einen konkreten Gegenstand der Gegenstand selbst oder ein Bild davon ist.

**So gestalten Sie den Unterricht interessant. Mündlicher Unterricht bevorzugt.** Soviel zur Frage, wie man den Unterricht für das Kind verständlich macht. Wie bereits gesagt, ist dies an sich schon ein guter Beitrag zur Beantwortung unserer zweiten Frage, wie man es interessant gestalten kann, aber es müssen auch andere Überlegungen berücksichtigt werden. Die Kunst des Geschichtsunterrichts ist zu einem großen Teil die Kunst des Geschichtenerzählens . Kinder lieben Geschichten und vor allem wahre Geschichten, wenn sie gut erzählt werden, aber diese Liebe eines Kindes zu einer guten Geschichte beschränkt sich, besonders in früheren Jahren, auf eine Geschichte, die erzählt wird. Allein die technischen Schwierigkeiten beim Lesen, die körperliche Unbequemlichkeit der geforderten Körperhaltung, das Fehlen des Kommentars, den Stimme und Geste zur Geschichte liefern, die Unmöglichkeit, einem Buch Fragen zu stellen, und eine Reihe anderer ähnlicher Überlegungen machen es unerwünscht, dass die erste Die Bekanntschaft eines Kindes mit einer Lektion muss aus einem Lehrbuch erfolgen. Lehrbücher werden insbesondere in den höheren Klassen zu Wiederholungszwecken eingesetzt, um das Gedächtnis dabei zu unterstützen, sich an das zu erinnern, was bereits mündlich gelehrt wurde. In manchen Schulen ist es jedoch üblich, vom Kind zu erwarten, dass es die Lektion lernt aus dem Buch zu lesen, bevor er zum Unterricht kommt, ist schlecht und sollte vermieden werden.

**Einige Vorschläge zum Geschichtenerzählen** . Wenn dann der erste Vortrag einer Unterrichtsstunde mündlich vom Lehrer gehalten werden muss, folgt daraus, dass der Lehrer sich in der Kunst des Geschichtenerzählens vervollkommnen muss . Wie alle anderen Künste kann auch die Kunst des Geschichtenerzählens nicht durch Regeln vermittelt werden und schon gar nicht im Rahmen dieser Einführung. Ein paar Vorschläge könnten jedoch hilfreich sein. Lewis Carrol, dessen Alice im Wunderland einen seltenen Einblick in den kindlichen Geist bietet, bringt in seiner Alice seine Vorliebe für Bücher mit vielen Illustrationen und Gesprächen zum Ausdruck. Hier gibt es zwei Hinweise, die für den Lehrer der biblischen Geschichte von Wert sind: Der erste besteht darin, Bilder zur Veranschaulichung einer Geschichte zu verwenden, und der zweite besteht darin, den direkten Diskurs immer dem indirekten vorzuziehen. Um zunächst den zweiten dieser Vorschläge aufzugreifen, vergleichen Sie die folgenden Berichte über dasselbe Ereignis und fragen Sie sich, was Sie mehr anspricht:

1. Da konnte Joseph vor allen, die ihm beistanden, nicht zurückhalten und befahl jedem, ihn zu verlassen. Und es stand niemand bei ihm, als Joseph sich seinen Brüdern meldete. Und er weinte laut, und die Ägypter hörten es, und das Haus Pharaos hörte es. Und Joseph erzählte seinen Brüdern, wer er sei, und fragte, ob sein Vater noch lebe. Und seine Brüder konnten ihm nicht antworten, denn sie fürchteten sich vor seiner Gegenwart. Joseph sagte ihnen, sie sollten näherkommen, und sie kamen näher, und er sagte ihnen, dass er Joseph sei, den sie nach Ägypten verkauft hätten, und dass sie nicht traurig oder zornig über sich selbst sein sollten, weil sie ihn dorthin verkauft hatten, denn es geschah, um ihn zu retten Leben, das Gott ihm vor ihnen gesandt hatte. Denn die Hungersnot herrschte schon seit zwei Jahren im Land und es blieben noch fünf Jahre, in denen weder gepflügt noch geerntet wurde, und so hatte Gott ihn vor ihnen gesandt, um ihnen einen Rest auf der Erde zu geben und sie eine Zeit lang am Leben zu erhalten große erlösung.

2. Da konnte Joseph sich vor allen, die ihm beistanden, nicht zurückhalten; und er schrie: „Lass jeden Menschen von mir weggehen." Und es war kein Mensch bei ihm, als Joseph sich seinen Brüdern zu erkennen gab. Und er weinte

laut, und die Ägypter hörten es, und das Haus Pharaos hörte es. Und Joseph sagte zu seinen Brüdern: „Ich bin Joseph; lebt mein Vater noch?" Und seine Brüder konnten ihm nicht antworten, denn sie fürchteten sich vor seiner Gegenwart. Und Joseph sagte zu seinen Brüdern: „Kommt zu mir, ich bitte euch." Und sie kamen näher. Und er sagte: „Ich bin Joseph, euer Bruder, den ihr nach Ägypten verkauft habt. Und nun seid nicht betrübt und werdet nicht böse auf euch selbst, dass ihr mich hierher verkauft habt; denn Gott hat mich vor euch gesandt, um das Leben zu bewahren. Denn diese zwei Jahre hat der Es herrschte Hungersnot im Land, und es sind noch fünf Jahre, in denen weder gepflügt noch geerntet werden wird. Und Gott hat mich vor euch gesandt, um euch einen Rest auf Erden zu geben und euch am Leben zu retten für eine große Erlösung.

Der Leser wird im zweiten Zitat sofort die genaue Sprache der Bibel erkennen. Bei der ersten handelt es sich um dieselbe Passage, die ohne weitere Änderung des Wortlauts in einen indirekten Diskurs umgewandelt wurde, doch wie sehr sie selbst für uns Erwachsene und sogar in gedruckter Form an Kraft verliert; Für Kinder und in der tatsächlichen Erzählung würde die Geschichte noch mehr verlieren.

**Der Vorteil der Verwendung von Illustrationen.** Was den Vorteil der Verwendung von Illustrationen betrifft, sei es in Form von Bildern, die in der Klasse verteilt und herumgereicht werden, oder in Form stereoskopischer Ansichten, haben wir bereits einen Vorteil hervorgehoben, da sie dabei helfen, für das Kind die Bedeutung einiger Konkreter zu definieren Begriffe, die noch nicht in seinem Vokabular vorkommen, aber sie erfüllen eine noch wichtigere Funktion, indem sie ihm helfen, sich die Erzählung vorzustellen. Denn was wir sehen, scheint immer ein intimerer Teil unserer Erfahrung zu sein als das, was wir lediglich gehört haben. Als Hiob die tiefere Vertrautheit seiner neuen Gotteserkenntnis zum Ausdruck bringen möchte, nachdem Gott ihm erschienen war, erklärt er: „Ich hatte mit dem Hören von dir gehört, aber jetzt sieht dich mein Auge." (Hiob 42. 5.)

**Wann und welche Illustrationen Sie verwenden sollten.** Obwohl die Verwendung von Illustrationen, insbesondere stereoskopischer Ansichten, die den Vorteil haben, die Aufmerksamkeit der Klasse auf eine Sache zu lenken, eine entscheidende Hilfe darstellen, sollten sie nur zur Wiederholung der Lektion verwendet werden. Die Gründe dafür sind: 1. dass das Bild die Aufmerksamkeit der Klasse von dem ablenkt, was der Lehrer sagt, 2. dass es den reibungslosen Erzählfluss durch die Notwendigkeit behindert, oft irrelevante Details des Bildes zu erklären, 3. dass das Interesse am dramatischen Dialog der Charaktere, der ihre Motive und in den meisten Fällen die eigentliche Moral der Geschichte offenbart, dem Interesse an malerischen Details von Kleidung, Landschaft usw. geopfert wird, 4. dass der Lehrer an der Gnade der künstlerischen Auffassung der biblischen Erzählung, die ihr aus jüdischer oder künstlerischer Sicht selten gerecht wird und oft der edleren Auffassung der Geschichte, die die bloße, durch die Erzählung des Lehrers angeregte Vorstellungskraft angeregt hätte, Gewalt antut . Bilder, die Gott in menschlicher Gestalt darstellen, sollten in einer jüdischen Schule natürlich nicht erlaubt sein. Die Schule sollte auch solche Bilder nicht verwenden, die etwas Mystisches darstellen, und zwar in Bildern, die so eindeutig und vertraut sind, dass sie die gesamte mystische Atmosphäre zerstreuen. Wenn zum Beispiel die Offenbarung auf dem Berg Sinai durch zwei Steintafeln dargestellt wird, die vom Himmel in die wartenden Hände Moses fallen, wie auf einem bekannten Bild, ist es kaum wahrscheinlich, dass sie die höchste Form der Ehrfurcht hervorruft . Oder wenn, wie in einem anderen Bild, die Himmelfahrt Elias durch einen von leuchtend roten Pferden gezogenen Streitwagen dargestellt wird, der Feuer suggerieren soll, dessen Umrisse aber zu deutlich sind, als dass eine solche Andeutung möglich wäre, wird sich das Kind höchstwahrscheinlich nur darüber amüsieren Die eigentümliche Farbe der Pferde und das Bild dürften die Geschichte für ihn überhaupt nicht illustriert haben. Es ist daher offensichtlich, dass der Lehrer eine Art Zensur über die im Unterricht verwendeten Illustrationen ausüben muss.

**Eigenaktivität des Kindes.** Wir haben mehrfach auf die Aktivität der eigenen Vorstellungskraft des Kindes hingewiesen, die das vom Lehrer bereitgestellte Material in seinem Kopf durcharbeitet, und die Erkenntnis, dass der Geist des Kindes nicht passiv, sondern aktiv ist, führt uns zur Annahme eines Prinzips von Die weitreichendste Bedeutung in der gesamten Bildung besteht darin, dass der Lehrer keine Lektion erteilen kann, wenn er den Geist des Kindes nicht aus eigenem Antrieb dazu bringen kann, genau das Wissen anzustreben, das er vermitteln möchte. Das ist die Weisheit des heimeligen Sprichworts: „Man kann ein Pferd zur Tränke führen, aber man kann es nicht zum Trinken bringen." Wir müssen den Appetit auf die geistige Nahrung anregen, die wir dem Schüler geben möchten, noch bevor wir sie geben. Wie kann das gemacht werden?

**Jüdische Symbole und Zeremonien regen zur Selbstaktivität an .** Bei der Erörterung des Ziels des Unterrichts in der biblischen Geschichte haben wir einen Hinweis aus der Haggadah zum Pessach genommen, deren Lektüre hauptsächlich pädagogischen Zwecken diente, da sie in Erfüllung des Gebots „Und du sollst es deinem Sohn an jenem Tag sagen" erfolgt. ; Daraus können wir in diesem Zusammenhang noch einen weiteren Hinweis ziehen. Das Kind, das am Pessachabend bei Tisch sitzt, sieht eine Reihe seltsamer

Gegenstände und Zeremonien vor sich, an die es nicht gewöhnt ist. Er sieht das *ma ẓẓ ot* , das *maror* und andere Symbole, er bemerkt auch die liegende Haltung anstelle der üblichen aufrechten Haltung und ruft daher ganz natürlich *mah aus Nishtannah* ! „Wie anders ist diese Nacht von anderen Nächten!" Wenn dann seine eigene Neugier geweckt wurde, erhält er die Antwort auf seine Fragen und die Lektion wurde ihm eingeprägt. Die Symbole und Zeremonien des jüdischen Lebens, die ihren Ursprung oder ihre Erklärung in der biblischen Erzählung haben, eignen sich hervorragend für diese Anregung der intellektuellen Neugier, die dem Erzählen der Geschichte vorausgehen sollte. Ein Hinweis auf den Sabbat und seine Einhaltung könnte durchaus der Schöpfungsgeschichte vorausgehen, die seinen Ursprung und seine Bedeutung erklärt; Eine Erwähnung des Passahfestes könnte einem Bericht über den Auszug durchaus vorausgehen; Ein Hinweis auf die Synagoge könnte einem Bericht über den Bau der Stiftshütte usw. vorausgehen. Diese dienen der doppelten Funktion, das Kind für die Erzählung zu interessieren und es für die Dinge im jüdischen Leben zu interessieren, die die Erzählung zu erklären hilft. Wo kein Gegenstand des jüdischen Zeremonienlebens gefunden werden kann, der seine Neugier wecken könnte, kann stattdessen eine andere Tatsache seiner Erfahrung herangezogen werden. So könnte die Geschichte von Noah durchaus mit dem Bezug auf den Regenbogen eingeleitet werden, dessen Bedeutung der Lehrer dem Kind dann anhand der Geschichte erklären wird.

**Die Frage des Lehrers als Anregung zur Selbstaktivität** . Da es in jeder Klasse solche gibt, die in der Haggada erwähnt werden und „die nicht wissen, wie man Fragen stellt", ist es oft ratsam, dass der Lehrer selbst der Klasse die Frage stellt, die er beantwortet haben möchte. Und tatsächlich kann eine gelegentliche Frage des Lehrers mitten in der Geschichte einen großen Beitrag dazu leisten, Interesse zu wecken und ein klareres Verständnis zu gewährleisten. Daher kann es sein, dass der Lehrer die Geschichte von Joseph erzählt. Er erreicht den Punkt, an dem Josephs Brüder zu ihm kommen, um Mais zu kaufen, und erklärt, wie Joseph sie völlig in seiner Macht hatte, nachdem er sie erkannt hatte, ohne dass sie ihn erkannt hatten. Dann fragt er: „Was würdest du nun tun, wenn du an Josef wärst und deine Brüder dich so grausam behandelt hätten und sie dann zu dir kommen würden, um Essen zu holen, und du sie in deiner Gewalt hättest?" Sofort weckt er das Interesse der Klasse an der Frage, was Joseph tatsächlich getan hat, und ihr Interesse am Rest der Geschichte sowie ihr besseres Verständnis der ihr zugrunde liegenden Motive wird geweckt.

**Die Rezitation des Schülers.** So viel zur ursprünglichen Präsentation des Unterrichts durch den Lehrer. Nachdem dies abgeschlossen ist, muss das Kind aufgefordert werden, die Lektion zu rezitieren, und zwar nicht in erster

Linie, wie die meisten Lehrer zu denken scheinen, um dem Lehrer die Möglichkeit zu geben, herauszufinden, ob das Kind die Lektion gelernt hat, sondern weil es notwendig ist, sie noch einmal zu erzählen an den Lehrer zwingt das Kind zum Nachdenken über den Unterrichtsgegenstand und appelliert noch einmal an seine Eigenaktivität . Die vom Lehrer gestellten Fragen sollten nicht nur nach Informationen verlangen, sondern auch den Einsatz von Intelligenz seitens des Schülers erfordern und nicht nur beweisen, dass er sich an die Geschichte erinnert, sondern sie auch versteht. Wenn der Lehrer beispielsweise das Kind zur Schöpfungsgeschichte befragen möchte, können formelle Fragen gestellt werden wie „In wie vielen Tagen hat Gott die Welt erschaffen? Was hat er am ersten Tag gemacht? Was hat er am zweiten Tag gemacht?" usw. reichen nicht aus, da sie nur den Speicher testen. Er sollte Fragen wie diese stellen: „Warum ruhen wir am siebten Tag jeder Woche? Was war das Letzte, was Gott geschaffen hat? Warum hat Gott den Menschen dauerhaft geschaffen?" Denn diese testen nicht nur das Gedächtnis, sondern auch das Verständnis. Die Geschichte, die die Kinder erzählen, wenn sie aufgefordert werden, die Lektion zu wiederholen, gibt dem Lehrer eine Vorstellung davon, welche Punkte ihnen eingeprägt sind und welche nicht, und auf der Grundlage dieser Punkte muss er weitere Fragen stellen. Im Allgemeinen sollte es weniger Fragen geben, die mit „Was" beginnen, und mehr, die mit „Warum" beginnen.

**Dramatisierung des Unterrichts.** Neben der Wiederholung des Unterrichtsstoffs durch das Kind in Form einer Rezitation und der Beantwortung von Fragen gibt es viele Geschichten, bei denen das Interesse hauptsächlich auf dem dramatischen Dialog liegt, der die Kinder dazu anregen könnte, sie im Unterricht zu dramatisieren. Die Dramatisierung muss von den Kindern selbst im Geiste des freien Spiels erfolgen, wobei der Lehrer lediglich allgemeine Vorschläge macht, der Dialog jedoch eine spontane Schöpfung der Kinder ist. Der natürliche Nachahmungsinstinkt von Kindern, der so viel aus seinem Spiel eine Nachahmung der Aktivitäten und Beschäftigungen seiner erwachsenen Umgebung macht, nimmt diese Art von Fantasie sehr gut auf. Gleichzeitig ermöglicht diese Übung ihnen, in die Beweggründe der biblischen Charaktere einzutauchen und die Begebenheiten der biblischen Erzählung so gut wie möglich zu verstehen und sich daran zu erinnern. Der Lehrer muss sich auch nicht durch das Fehlen von Zubehör zur Dramatisierung wie Bühnenbild und Kostüm entmutigen lassen. Die Fantasie des Kindes, die einen Schaukelstuhl in ein Boot oder einen Tisch in einen Berg verwandeln kann, kann problemlos auf die Accessoires verzichten, die der anspruchsvolle Geist des Erwachsenen benötigt. Geschichten, die sich für eine solche Behandlung eignen, sind Esaus Verkauf des Erstgeburtsrechts, Isaaks Segen für Jakob und Esau und die verschiedenen Episoden der Joseph-Erzählung.

**Die Vorbereitung des Lehrers.** Aus der obigen Diskussion folgt, dass der Lehrer für biblische Geschichte, der seinem Fach gerecht werden möchte, jede Unterrichtsstunde sorgfältig vorbereiten muss, und zwar nicht nur, wie wir bereits angedeutet haben, im Hinblick auf das Verständnis der Bedeutung der von ihm behandelten Bibelstellen lehren möchte, sondern auch mit dem Ziel, sie dem Kind effektiv beizubringen. Diese Vorbereitung muss umfassen: 1. die Untersuchung des Ziels, dem Kind diese bestimmte Lektion beizubringen, 2. die Bemühung, einen Kontaktpunkt zwischen dem Thema der Lektion und den Vorkenntnissen und Erfahrungen des Kindes zu finden, der ihm gefallen würde Interesse, 3. das Studium des Themas unter dem Gesichtspunkt der literarischen und rednerischen Wirksamkeit in der Präsentation, 4. der Versuch, bestmögliche Illustrationen und Anwendungen des Unterrichts auf das Leben des Kindes zu finden, 5. Vorbereitung von Fragen und andere Mittel, mit denen das Kind dazu gebracht wird, die Lektion in seinem eigenen Kopf durchzuarbeiten und den Beweis zu erbringen, dass es sie assimiliert hat. In den Kapiteln dieses Handbuchs wird der Gegenstand jeder Lektion nach Meinung des Autors hervorgehoben und von Zeit zu Zeit Vorschläge zu den anderen hier aufgezählten Punkten gemacht. Dieses Buch enthält jedoch keinen detaillierten Plan für jede Unterrichtsstunde, da es als wichtig erachtet wird, die Originalität und Initiative des Lehrers nicht einzuschränken, sondern im Gegenteil den freien und spontanen Ausdruck seiner Persönlichkeit auf Seiten des Lehrers zu fördern und des Schülers.

**Zusammenfassung.** Über die Methode des biblischen Geschichtsunterrichts könnte noch viel mehr gesagt werden, aber dies muss als Einleitung zu den konkreteren Vorschlägen genügen, die in den Kapiteln dieses Buches folgen. Es wäre jedoch sinnvoll, vor dem Abschluss noch die wichtigeren Schlussfolgerungen zusammenzufassen:

1. Das Ziel bei der Unterweisung des Kindes in der biblischen Geschichte besteht nicht nur darin, ihm eine Moral beizubringen, wie sie es aus jeder erbaulichen Geschichte lernen könnte, sondern darin, sein Leben durch das Bewusstsein seiner spirituellen Identität mit dem Israel der Bibel zu beeinflussen;

2. Den erzählten Ereignissen muss die gleiche Bedeutung beigemessen werden, die ihnen die Bibel selbst beimisst, und nicht irgendeine bequeme Moral, die wir ihnen beimessen möchten;

3. Der Unterricht muss so auf das Kind zugeschnitten sein, dass der Unterricht (a) verständlich, (b) interessant ist;

(a) Um verständlich zu sein, muss es vom Bekannten zum Unbekannten übergehen und das Unbekannte anhand des Bekannten definieren, wobei jedoch so weit wie möglich jede formale Definition vermieden und ein großer Spielraum für die Ausübung des Wissens gelassen werden muss kindliche Fantasie;

(b) Um interessant zu sein, sollte die Lektion zunächst vom Lehrer mündlich in einem Stil präsentiert werden, der durch zahlreiche direkt zitierte Gespräche anschaulich gemacht wird, und dass anschließend durchaus Illustrationen wie das Zeigen von Bildern oder stereoskopischen Ansichten folgen können ; dass der Lehrer die Neugier des Kindes vor Beginn des Unterrichts weckt, vorzugsweise durch die Einführung eines relevanten Gegenstands jüdischer Zeremonien, in Ermangelung eines solchen jedoch auch durch einen anderen Appell an die Erfahrung des Kindes; und schließlich, dass der Lehrer die Selbstaktivität und den Selbstausdruck des Kindes durch taktvolle Fragen sowohl im Verlauf der Unterrichtspräsentation als auch dann, wenn das Kind, wie es sein sollte, aufgefordert wird, die gelernte Lektion zu rezitieren, fördert.

Wir hoffen, dass diese Vorschläge dem ernsthaften Lehrer der biblischen Geschichte eine gewisse Hilfe sein werden. In den folgenden Kapiteln wird versucht, sie konkreter und eindeutiger darzustellen. Jedes Kapitel enthält daher 1. die Interpretation des Unterrichtsstoffs, 2. eine kurze Diskussion des Unterrichtsziels und 3. verschiedene Vorschläge, wie der Unterrichtsstoff am besten für das Kind angesprochen werden kann.

# TEIL I

## VON DER SCHÖPFUNG BIS ZUM TOD JOSEPHS

# KAPITEL I

## SCHÖPFUNG
### Genesis 1.1 bis 2.3

Hinweis: Die Lektionen in diesem Buch sind zwangsläufig etwas willkürlich aufgeteilt, das heißt ohne genaue Bezugnahme auf den Umfang, der in einer einzelnen Sitzung der Schule unterrichtet werden kann. Dies ist derzeit unvermeidbar, da die Unterrichtsstunden in den verschiedenen Schulen unterschiedlich lang sind und die Klassen sich im Alter und in der geistigen Entwicklung ihrer Schüler unterscheiden. Die Einteilung erfolgte daher ausschließlich nach dem Unterrichtsstoff und nicht nach der für den Unterricht aufzuwendenden Zeit. Bei einigen Lektionen kann die vollständige Präsentation zwei oder sogar drei Stunden dauern.

**Deutung.** Die frühen Erzählungen der Genesis dienen als Einführung in die biblische Geschichte, indem sie die jüdische Sicht auf den Ursprung der Welt im Allgemeinen und der Menschheit im Besonderen vermitteln und die Diskussion über die Rolle vorbereiten, die Israel in der Welt spielen sollte. Im Folgenden sind einige der wichtigsten Ideen aufgeführt, die uns die Erzählung der Schöpfung im Hinblick auf die Welt und den Platz des Menschen darin zu sagen hat:

1. Dass Gott der Schöpfer und folglich der Oberste über Materie, Natur und Welt ist;

2. Dass der Mensch das höchste Wesen in der Schöpfungsordnung ist, weil er über die göttlichen Eigenschaften der Vernunft und des Gewissens verfügt, wie in den Worten „nach unserem Bild gemäß unserem Gleichnis" angedeutet;

3. Dass Gott seine Geschöpfe liebt רָא שֶׁבָ תֹמַד בָ הָרַחֲמִים „den er gemäß der Eigenschaft der Barmherzigkeit erschaffen hat;"

4. Dass Gott im Gegenzug die Liebe des Menschen und seine Anerkennung im Gottesdienst wünscht, wie es in der Einführung des Sabbats impliziert ist.

**Ziel.** Bei der Vermittlung dieser Lektion an das Kind sollte das Ziel darin bestehen, ihm ein Gefühl der Ehrfurcht und Anbetung zu vermitteln, insbesondere im Zusammenhang mit der Einhaltung des Sabbats. Die

Botschaft dieses wie aller früheren Kapitel der Genesis ist universell, aber wie die meisten anderen universellen Aspekte des Judentums hat sie in einer spezifisch jüdischen Institution, nämlich dem Sabbat, konkreten Ausdruck gefunden und, wie unser Ziel ist, zu beeinflussen Im jüdischen Leben des Kindes müssen wir uns bemühen, die Ideen des Unterrichts durch die Verknüpfung der Unterrichtsideen mit der Einführung des Sabbats wirksam werden zu lassen.

**Vorschläge für den Lehrer.** In Übereinstimmung mit dem Grundsatz, der verlangt, dass wir vom Bekannten zum noch Unbekannten übergehen, wird sofort klar, dass wir diese Lektion nicht mit einem Bericht über die ursprüngliche Dunkelheit beginnen können, aus der das Chaos und dann die Welt entstand. In der Einleitung (Seite 22) zitierten wir einen Schöpfungsbericht, der mit einem Verweis auf geschaffene Objekte in der Erfahrung des Kindes begann. Da es jedoch wünschenswert ist, die intellektuelle Neugier des Kindes vor Beginn des Unterrichts zu wecken, wäre es sinnvoll, den Unterricht mit ein paar Fragen zum Unterschied zwischen dem Sabbat und den anderen Wochentagen einzuleiten und in der Frage „Warum" zu gipfeln Verhalten wir uns am Sabbat so anders als an anderen Tagen?" Fahren Sie dann mit der Antwort fort, indem Sie die Schöpfungsgeschichte auf die in der Einleitung vorgeschlagene Weise erzählen. Wenn die Erzählung fertig ist, besprechen Sie noch einmal den Sabbat und wie er eingehalten werden soll, da auf diese Weise die Moral der Erzählung am besten durchgesetzt werden kann.

Es ist eine wohlbekannte Tatsache, dass Kinder durch die exakte Wiederholung bestimmter Phrasen, etwa in der Art eines Refrains, angezogen werden. Es ist daher gut, den Refrain „Und es wurde Abend und es wurde Morgen" für jeden der aufeinanderfolgenden Schöpfungstage zu verwenden.

# KAPITEL II

## ADAM UND EVA
### Genesis 2,4 bis 3,24

**Deutung.** Dies ist eine der Erzählungen der Bibel, deren wahre Bedeutung in ihrer Gesamtheit einem Kind nicht beigebracht werden kann. Um es zu verstehen, wäre eine Erfahrung erforderlich, die das Kind aufgrund der Natur des Falles nicht gemacht haben kann. Es kann ihm jedoch ein teilweises Verständnis ihrer Moral vermittelt werden und die bedeutsamen Tatsachen der Geschichte werden ihm so eingeprägt, dass er sich an sie erinnert und in späteren Jahren ihre tiefere Bedeutung im Lichte der erworbenen Erfahrung erkennt. Die Geschichte von Adam und Eva ist die Geschichte von Mann und Frau, wie sie in den Vorfahren der Menschheit zum Ausdruck kommt. Der Garten Eden der seligen Unschuld geht verloren, wenn im Menschen der Appetit auf ein verbotenes Wissen erwacht, auf eine Erfahrung des Bösen wie auch des Guten, eine Erfahrung, die ihn am Ende seiner Nacktheit, seiner Sünde und seiner Sünden bewusst macht Er war desillusioniert und sich bewusst, dass er sich in einer schlimmeren Lage befand, als wenn er nie nach dem verbotenen Wissen gesucht hätte. Offensichtlich kann das Kind diese tiefere Bedeutung nicht erkennen, aber bestimmte Elemente davon können ihm bewusst gemacht werden; Ihm kann das Gefühl vermittelt werden, dass der Genuss der guten Dinge im Leben von einem unbedingten Gehorsam gegenüber den Gesetzen abhängt, die Gott als Bedingung für den Genuss festgelegt hat, sodass Ungehorsam den Verlust dieser Freuden bedeutet.

**Ziel.** Das Ziel der Geschichte von Adam und Eva muss dann aus der Sicht des Kindes die Anerkennung der Pflicht zum unbedingten, bedingungslosen Gehorsam gegenüber der legitimen Autorität sein. Bisher ist die Moral universell und nicht spezifisch jüdisch . Würden wir hier ruhen, würden wir das Ziel des Unterrichts in biblischer Geschichte, das wir uns in der Einleitung vorgestellt hatten, nicht in vollem Umfang verwirklichen. Obwohl die Moral der Geschichte von Adam und Eva universell ist, kann sie, wie im Fall der Schöpfungsgeschichte, mit bestimmten Aspekten des jüdischen Lebens in Verbindung gebracht werden. Daher kann und sollte die legitime Autorität, derentwegen wir vom Kind bedingungslosen Gehorsam verlangen, zur Tora gemacht werden, und in diesem Zusammenhang sollte besonderes Gewicht auf die Ernährungsgesetze gelegt werden, da sie dem göttlichen Gebot in der Lektion „von jedem Baum" entsprechen Von dem Garten darfst du frei essen; aber vom Baum der Erkenntnis des Guten und Bösen darfst du nicht essen. Auf diese Weise wird die Moral des Unterrichts sozusagen in den Alltag des Kindes dramatisiert und dazu gebracht, seine Loyalität gegenüber dem gesamten Judentum zu stärken.

**Vorschläge für den Lehrer.** Nach dem, was zum Ziel dieses Kapitels gesagt wurde, gibt es nur noch wenige methodische Vorschläge, da die Geschichte in ihrer biblischen Form bereits hervorragend darauf abgestimmt ist, die Vorliebe des Kindes für eine gute Geschichte zu befriedigen. Die von uns vorgeschlagene Moral sollte zwar am Ende der Geschichte gebührend hervorgehoben werden, insbesondere wenn sie von den Kindern wiederholt wird und so zum Gegenstand der Klassendiskussion geworden ist, sie sollte jedoch beim Erzählen der Geschichte nicht zu aufdringlich werden selbst. Die Worte der Schlange, als sie Eva in Versuchung führte, und das Gespräch, in dem Gott Adam, Eva und die Schlange zurechtweist, sollten so nah wie möglich in der biblischen Sprache zitiert werden. Wenn Sie den oben dargelegten Zusammenhang zwischen der Geschichte und ihrer Moral aufzeigen, tun Sie dies, indem Sie das Kind befragen, anstatt es einfach selbst darzulegen. Folgende Fragen könnten anregend sein:

Als Gott Adam und Eva so viele Bäume zum Essen und alles andere, was sie brauchten, gab, war es dann richtig, dass sie die Frucht des einen Baumes essen sollten, von dem Gott ihnen gesagt hatte, dass sie nicht essen sollten, nur weil sie wissen wollten, wie das geht? geschmeckt?

Wenn deine Eltern, die dir so viele Dinge geben, dein Essen, deine Kleidung und deine Spielsachen, dir manchmal sagen, du sollst dies oder das tun, worauf du gerade keine Lust hast, wie solltest du dann handeln?

Kennen Sie Dinge, die wir Juden nicht essen, weil Gott, der alles gemacht hat, was wir essen, uns gesagt hat, wir sollen sie nicht essen?

# KAPITEL III

## KAIN UND ABEL
### Genesis 4,1 bis 15

**Deutung.** Die Geschichte von Kain und Abel ist eine Studie über Sünde, Reue und Reue. In Vers 7 gibt es einen Hinweis darauf, dass in Kains Herzen bereits vor der Ermordung seines Bruders böse Leidenschaften existierten, und obwohl der Vers unklar ist, kann er als Begründung dafür interpretiert werden, dass Gott Kains Opfer nicht annimmt. Erst nachdem die Tat vollbracht ist, wird Kain die Bedeutung seiner Tat vollständig bewusst und dann wird er von Reue und Angst geschüttelt, bis Gott ihm seinen Schutz zusichert. Das Zeichen, das Gott Kain gibt, wird manchmal als Teil seiner Strafe ausgelegt, in der Bibel wird es jedoch eher als Beweis dafür erwähnt, dass Gott seine Reue akzeptiert.

**Ziel.** Der Lehrer sollte sich bemühen, dem Kind durch diese Lektion die Gefahr vor Augen zu führen, Neid und Zorn nachzugeben, und ihm zu zeigen, dass es wünschenswert ist, Buße zu tun und Gott unsere Sünden zu bekennen, wann immer wir Unrecht getan haben.

**Vorschläge für den Lehrer.** Sentimentalisten lehnen es manchmal ab, diese Geschichte kleinen Kindern beizubringen, weil darin ein schmutziges Verbrechen erzählt wird. Dieser Einwand ist jedoch nicht stichhaltig, da gerade die Unwissenheit und Unschuld der Kindheit der Geschichte den größten Teil ihres Schreckens raubt. Vielmehr muss der Lehrer verhindern, dass das Kind völlig den Sinn für die Tragödie des Verbrechens verliert, die universelle Tragödie, durch die Leidenschaft Menschen dazu bringt, Taten zu begehen, die sie später gerne wieder aufgreifen würden, wenn sie könnten. Um dem Kind dies einzuprägen, muss der Lehrer beschreiben, was die Erzählung der Bibel kaum andeutet, nämlich den eigensinnigen Charakter Kains vor dem Opfer, der es inakzeptabel machte. Nehmen Sie sich etwas Zeit, um Kain und Abel so zu charakterisieren, dass sich das Kind Kain und Abel als einen mürrischen, unzufriedenen, neidischen Mann vorstellt, der die Güte Gottes für ihn nicht wirklich wertschätzte und dessen Opfer daher für Gott nicht akzeptabel war, während das von Abel, der Gott aufrichtig dankbar war, wurde angenommen. Da dies das erste Mal ist, dass Opfer erwähnt werden, erklären Sie die Bedeutung von Opfern als eine Art und Weise, wie Menschen vor langer Zeit Gott zeigten, dass sie für seine Güte dankbar waren, indem er ihnen ihre Nahrung gab, indem sie nicht alles verwendeten, was er ihnen gab, sondern Einige davon wurden auf einem Steinhaufen namens Altar verbrannt. Benutzen Sie eine Veranschaulichung aus dem Leben des Kindes und zeigen Sie, wie ein Geschenk je nach Motiv mehr oder weniger akzeptabel ist. Sie könnten die Kinder fragen: „Was würde Ihnen mehr Freude bereiten? Wenn Ihnen jemand an Ihrem Geburtstag ein Geschenk machen würde, weil er Sie liebt, oder weil er denkt, dass Sie ihm an seinem Geburtstag auch eines schenken würden?" und fahren fort: „Als nun Kain und Abel Gott ihre Opfer darbrachten, wusste Gott, dass Abel ihn liebte und ihm immer gehorchte und seine Opfergabe gab, weil er Gott in seinem Herzen wirklich dankbar war, aber Kain, der immer unzufrieden war und nicht sehr Gehorsam, Gott wusste, dass er seine Opfergabe nur deshalb brachte, weil er dachte, wenn er dies täte, würde Gott sich darüber freuen und ihm den nötigen Regen schicken, damit sein Mais wächst, damit er das ganze Jahr über reichlich zu essen haben würde. Deshalb nahm Gott Abels Opfergabe an akzeptierte Kains nicht. Betonen Sie Gottes Warnung an Kain: „Die Sünde steht vor der Tür", was so zu erklären ist, dass Kain sehr vorsichtig sein muss, wie er handelt, und dass er, wenn er das Gefühl hat, Abel Unrecht zu tun, dieses Gefühl unterdrücken muss Tue es nicht, sonst tue er vielleicht etwas, was ihm später sehr leid tun würde, nachdem er es nicht mehr rückgängig machen konnte. Denken Sie daran, dass ein sehr kleines Kind keine Vorstellung vom Tod hat, und erzählen Sie den Höhepunkt der Geschichte auf diese Weise. „Als Kain nun sah, dass Abel blutend am Boden lag und sich weder bewegen noch mit ihm sprechen konnte, wusste er, dass er eine große Sünde begangen hatte und fürchtete sich." Der Dialog zwischen Gott und Kain nach Abels Tod sollte so nah wie möglich in der Sprache der Bibel zitiert werden, insbesondere Kains Versuch, sich der Verantwortung zunächst mit den Worten zu entziehen: „Bin ich der Hüter meines Bruders?" Später folgte sein vollständiges Geständnis: „Meine Schuld ist größer, als ich ertragen kann." Achten Sie bei der Durchsetzung des Ziels der Lektion, wie wir sie gegeben haben, darauf, lediglich didaktische Aussagen zu machen, und verdeutlichen Sie den Punkt lieber durch Fragen, nachdem Sie die Erzählung abgeschlossen haben. Folgende Fragen sind anregend:

Warum nahm Gott Abels Opfer an und nicht Kains?

Wie fühlte sich Kain, als er sah, dass Gott sein Opfer nicht annahm?

Was sagte Gott zu Kain, um ihn davor zu warnen, seinem Zorn nachzugeben?

Wie fühlte sich Kain, als er sah, dass er Abel getötet hatte?

Hat Gott Kain vergeben? Wie zeigte Gott, dass er ihm vergeben hatte?

# KAPITEL IV

## NOAH
### Genesis 6,5 bis 9,1

**Deutung.** Die Geschichte von Noah ist so einfach, dass sie kaum einer Interpretation bedarf. Die Welt war korrupt geworden, und da Gott moralische Korruption nicht ertragen kann, schien es besser, das zu zerstören, was er geschaffen hatte. Aus der allgemeinen Zerstörung heraus wählte Gottes Vorsehung jedoch Noah aufgrund seiner moralischen Überlegenheit aus, um gerettet zu werden und ein menschliches Leben auf einer höheren Ebene zu beginnen. Deshalb fordert er Noah auf, seine Familie und genügend Tiere mit in die Arche zu nehmen, um die Erhaltung der verschiedenen Arten zu gewährleisten. Er nimmt mehr von den reinen Tieren mit, die zum Essen geeignet sind, und als Noah schließlich die Arche verlässt, macht er eine Mit ihm hat er einen Bund geschlossen, dessen Bedingungen darin bestehen, dass Noah bestimmte moralische Gesetze einhalten soll, darunter das Mordverbot, und dass Gott nie wieder alles Leben durch eine Sintflut vernichten und die geordnete Abfolge der Jahreszeiten garantieren würde, die für den Menschen notwendig sind Existenz. Als Zeichen dieses Bundes zeigt Gott Noah den Regenbogen.

**Ziel.** Das Ziel bei der Vermittlung dieser Lektion an das Kind sollte darin bestehen, ihm die Vorstellung von Gottes Kontrolle über alle Kräfte der Natur und seiner besonderen Vorsehung über jeden Einzelnen zu vermitteln, indem er die Guten belohnt und die Bösen bestraft. Da es unser Ziel ist, wo immer möglich, eine spezifisch jüdische Art und Weise zu finden, wie das Kind die gelehrten Ideale zum Ausdruck bringen kann, sollte diese Lektion zum Anlass genommen werden, dem Kind die *Beraka* (Segen) beizubringen, wenn es einen Regenbogen sieht, der damit verbunden ist die Noah-Geschichte.

**Vorschläge für den Lehrer. Um diese Geschichte mit dem eigenen** Leben des Kindes zu verbinden, beginnen Sie mit einem Hinweis auf den Regenbogen. Lassen Sie die Kinder erzählen, welche Farben sie im Regenbogen gesehen haben, machen Sie sie darauf aufmerksam, dass er immer nach einem Sturm erscheint, und sagen Sie ihnen dann, dass Sie eine Geschichte erzählen werden, die ihnen erklärt, warum Gott im Regenbogen einen Regenbogen erschafft Himmel, nachdem es geregnet hat. Und wenn Sie mit der Geschichte fertig sind, verbinden Sie die Moral davon noch einmal etwa wie folgt mit dem Regenbogen:

„Und so, Kinder, wann immer wir einen Regenbogen sehen , sollte er uns an diese Geschichte erinnern, wie Gott Noah aufgrund seiner Güte vor der

Flut rettete und wie Gott versprach, nie wieder die ganze Welt durch eine schreckliche Flut zu zerstören. Und wann auch immer wir Wenn wir einen Regenbogen sehen , sollten wir alle dieses kleine Gebet oder *Beraka sprechen* , das ich dir beibringen werde, ‏בָּרוּךְ אַתָּה יְהֹוָה אֱלֹהֵינוּ מֶלֶךְ הָעוֹלָם זוֹכֵר‏ ‏הַבְּרִית וְנֶאֱמָן בִּבְרִיתוֹ וְקַיָּם בְּמַאֲמָרוֹ‏ , was bedeutet: „Gesegnet seist du, o Herr, unser Gott, König der Welt, der an seinen Bund denkt und seinem Bund treu bleibt und sein Versprechen hält."

Der Begriff Bund muss dem Kind in diesem Kapitel als Austausch von Versprechen erklärt werden.

Die Geschichte von Noah enthält viele Appelle an das Interesse des Kindes, die der geschickte Lehrer optimal nutzen kann. Eine Arche Noah mit allerlei seltsamen kleinen Holztieren, die man hineinstecken und wieder herausnehmen kann, war ein Lieblingsspielzeug vieler inzwischen erwachsener Kinder. Ein Kind interessiert sich von Natur aus für Tiere. Wenn Sie erzählen, wie die Tiere in die Arche kamen, bitten Sie die Kinder, Ihnen die Namen der Tiere zu nennen, die sie im Zoo oder Zirkus gesehen haben.

Um die Moral der Geschichte hervorzuheben, verwenden Sie die *haggadische* Ausarbeitung derselben, wonach die Zeit, in der die Arche gebaut wurde, den Sündern eine Gelegenheit zur Buße gab, was sie jedoch nicht nutzten, sondern sich lediglich über Noah lustig machten, weil er auf ihn vertraute Gott und ihm gehorchen. Diese *Haggada* steht in völliger Übereinstimmung mit dem Geist der biblischen Erzählung und gibt der Aussage Inhalt: „Noah war in seiner Generation ein gerechter und aufrichtiger Mann; Noah wandelte mit Gott." [1]

Die in Genesis 9,21 bis 29 erzählte Episode sollte besser weggelassen werden, da sie nicht für Kinder geeignet ist.

# KAPITEL V

## DER TURM ZU BABEL
### Genesis 11,1 bis 9

**Deutung.** Diese Verse erzählen, wie die Nachkommen Noahs im Stolz auf eine neue Zivilisation und im Erwerb der neuen Kunst des Bauens mit Ziegeln versuchen, den göttlichen Plan, sie über die Welt zu zerstreuen, zu vereiteln, und in ihren Plänen scheitern, weil Gott ihre Sprache verwirrt. Ihre Moral besteht darin, dass jeder Versuch des Menschen, Gottes Absichten zu vereiteln, sinnlos ist.

**Ziel.** Diese Lektion ist keine Lektion, die eine Moral vermittelt, die das Kind sofort in seinem eigenen Leben anwenden kann. Ihre Moral richtet sich eher an die Gesellschaft als an das Individuum, da sie die Eitelkeit des Vertrauens auf die rein materiellen Elemente der Zivilisation offenlegt. Da es jedoch für das Kind interessant gemacht werden kann und seine Fantasie anregt, ist es gut, ihm beizubringen, dass es Teil seines jüdischen Informationsschatzes werden kann, der mit zunehmender Erfahrung eine zusätzliche Bedeutung erhält.

**Vorschläge für den Lehrer.** Diese Lektion sollte mit einem Hinweis auf die verschiedenen Sprachen eingeleitet werden, mit denen das Kind in Kontakt gekommen ist. Er kann dann darauf aufmerksam gemacht werden, dass alle Menschen, da sie von Noah abstammen, ursprünglich alle eine Sprache gesprochen haben müssen. Dies wirft sofort die Frage auf, wie es dazu kam, dass es mittlerweile viele Sprachen gibt, und wenn sich das Kind für diese Frage interessiert, verfügt es über die richtige mentale Einstellung, um die Geschichte zu hören.

Das Motiv für den Bau des Turms wird in der Bibel nicht sehr klar dargelegt und ist in der Form, in der es dargelegt wird, kaum dazu geeignet, die Geschichte einem Kind in den Sinn zu bringen. Es ist daher gut, die Geschichte im Einklang mit der *Haggada zu erweitern* , die als Motiv den Versuch vorschlägt, die Folgen einer weiteren Flut wie zur Zeit Noahs zu vermeiden. Die Sünde der Generation der Zerstreuung liegt daher in der Tatsache, dass sie, anstatt zu versuchen, Gottes Missfallen zu vermeiden, versuchten, sich gegen seine Folgen immun zu machen, eine Moral, die die Idee der biblischen Erzählung nur umsetzt, indem sie sie expliziter zum Ausdruck bringt Bedingungen.

# KAPITEL VI

## DIE WAHL ABRAMS UND DIE WAHL KANAANS
### Genesis 12,1 bis 10 und 13,1 bis 18

**Deutung.** Mit dieser Lektion beginnt die Geschichte unseres Volkes. Die Bibel möchte, dass wir in der Trennung Abrams und seiner Sippe vom Mutterstamm und ihrer Auswanderung nach Kanaan keinen zufälligen Umstand sehen, sondern die Erfüllung eines göttlichen Plans, nach dem Gott die Nachkommen Abrams erschaffen sollte auserwähltes Volk und aus dem Land Kanaan, dem auserwählten Land. Warum ausgerechnet Abram ausgewählt wurde, wird nicht klar dargelegt, aber ein Charakterzug seines Charakters wird hier und in allen folgenden Kapiteln sehr deutlich hervorgehoben: sein unbedingter Glaube und Gehorsam. Die Rabbiner betonen, dass Gott ihm mit der Aufforderung, sein Land zu verlassen, lediglich sagt, er solle „in das Land gehen, das ich dir zeigen werde", ohne anzugeben, welches Land gemeint ist. Wieder verspricht er ihm: „Deinem Samen werde ich dieses Land geben", obwohl Abram kinderlos ist. Abram durfte auch nicht glauben, dass sein Neffe Lot mit der Verheißung gemeint sein könnte, denn als Abrams Hirten und Lots Hirten sich streiten, wählt Lot das Land Sodom und nicht das gelobte Land. Mit einem Wort scheint Gott Abram aufgrund seines Glaubens und seiner bedingungslosen Bereitschaft, sich der göttlichen Führung zu unterwerfen, zum Vater des auserwählten Volkes ausgewählt zu haben. Ein zweiter Charakterzug, der auffällt, ist seine Friedensliebe, die sich in seinen Beziehungen zu Lot zeigt.

**Ziel.** Das Hauptziel bei der Vermittlung dieser Lektion an das Kind sollte darin bestehen, ihm den Gedanken zu vermitteln, dass es einer von Gottes auserwähltem Volk ist, ein Nachkomme Abrams, und dass er sich seiner Abstammung würdig erweisen sollte, indem er Abrams Gehorsam gegenüber Gott durch seinen Gehorsam gegenüber Gott nachahmt Jüdisches Gesetz. Der ganze Sinn dieser Erzählung geht verloren, wenn der Lehrer es versäumt, die Tatsache zu betonen, dass Abram der Vater des jüdischen Volkes ist.

Das sekundäre Ziel könnte durchaus sein, das Interesse an Palästina als ausgewähltem Land zu wecken.

Eine dritte Lektion, die in diesem Zusammenhang gelehrt werden kann, ist die Lehre, dass Frieden wünschenswert ist.

Die letzten beiden Ziele müssen jedoch nebenbei erwähnt werden, das erste als Zeichen der Liebe Gottes zu Abram und seinen Nachkommen, das zweite als Beweis dafür, dass Abram es wert war, ausgewählt zu werden.

**Vorschläge für den Lehrer.** Da der ganze Sinn der Erzählung verloren geht, wenn dem Kind nicht die Verbindung des jüdischen Volkes mit Abram vermittelt wird, geben Sie sich Mühe, zu erklären, was unter Abstammung zu verstehen ist und wie ein ganzes Volk von einem Mann abstammen kann, indem Sie zeigen, wie das geht Die Enkel eines Mannes sind normalerweise zahlreicher als seine Kinder usw. Es könnte von Vorteil sein, die Tafel zur grafischen Veranschaulichung dieser Idee zu verwenden. Nachdem wir erklärt haben, wie Gott erwartete, aus Abrams Nachkommen eine große Nation zu machen, fragen Sie: „Weiß jemand von euch, welche Menschen heute die Nachkommen Abrams sind? Nun, ich werde es euch sagen. Euch und mir und allen, die sich Juden nennen." stammen von Abram ab. Deshalb sprechen wir immer von ihm als unserem Vater Abram. Wollen Sie nun nicht, dass ich Ihnen mehr über unseren Vater Abram und über die großartigen Menschen erzähle, die von ihm abstammen und zu denen wir gehören?" iblica

Nennen Sie Abram im Folgenden immer „unseren Vater Abram", wie er in der jüdischen Literatur fast immer אָבִינוּ genannt wird אַבְרָהָם. Dadurch bleibt sich das Kind seiner Abstammung von Abram bewusst, steigert sein Interesse an ihm und gibt ihm das Gefühl, dass die biblische Geschichte die Geschichte seines eigenen Volkes ist.

Da die Motive für Gottes Wahl Abrams in der Bibel nur vage angedeutet werden, muss der Lehrer sie deutlicher darlegen. Machen Sie auf die Tatsache aufmerksam, dass die Welt wieder verdorben war, dass der Götzendienst vorherrschte – und hier wird es notwendig zu erklären, was Götzendienst bedeutet – im Haus Terach wie anderswo (siehe Josua 24,2), aber dass es einen Mann gab, Abram, der Gott immer gehorchte und der, Gott wusste, seine Kinder dazu anweisen würde. Und deshalb sagte ihm Gott, er solle seine Familie und sein Volk verlassen, weil er aus ihm ein großes Volk machen wollte, das immer tun würde, was er ihnen sagte, und nicht ein törichtes und böses Volk wie die, unter denen er lebte.

Die verschiedenen *haggadischen* Geschichten über die Verfolgungen, denen Abram von Nimrod und sogar von seinem eigenen Vater ausgesetzt war, sollten nicht Teil des Unterrichts sein, auch wenn sie an sich schön und für Kinder interessant sind. (Siehe Fußnote zu Seite 46.)

Um die Erzählung anschaulicher und eindrucksvoller zu machen, sollten Gottes Ruf an Abram und seine Verheißung (Genesis 12, 1 bis 3) in der Sprache der Bibel zitiert werden, ebenso wie Abrams Worte an Lot (Genesis

13, 9) und Gottes Versprechen, als Abram sich in Kanaan niederließ (Genesis 13, 14 bis 18).

Wenn der Lehrer von Gottes Versprechen spricht, Abram das Land Kanaan zu geben, schweift er möglicherweise etwas ab, um die wichtigsten geografischen Merkmale Palästinas zu beschreiben, indem er den Kindern auf der Karte zeigt, wo es liegt, und auf die wichtigsten topografischen Merkmale hinweist, wenn die Kinder aus Palästina stammen Alter, wenn sie wissen, wie man Karten interpretiert. Die Beschreibung des Landes sollte so gestaltet sein, dass eine Bindung zu ihm entsteht, wobei auf die Vielfalt seines Klimas, die Schönheit seiner Landschaft und seine Fruchtbarkeit eingegangen wird. Es sollten Bilder von Palästina gezeigt werden, insbesondere von den Orten, die mit dem Leben Abrams verbunden sind.

# Kapitel VII

## ANFANG VON ABRAMS GRÖSSE
### Genesis 14

**Deutung.** Abrams Segen beginnt sich durch seinen militärischen Erfolg im Feldzug zur Rettung Lots und seiner Familie zu manifestieren. Er erhält die Anerkennung von Melchisedek, dem König von Salem (gleichzusetzen mit Jerusalem) und „Priester Gottes, des Allerhöchsten ", der ihm Brot und Wein gibt und dem er den Zehnten der Beute gibt. Auch der König von Sodom erkennt seine Größe und den Wert seiner Dienste an, die er belohnen möchte, doch Abram lehnt die angebotene Belohnung ab, um seine Unabhängigkeit wahren und sein Vertrauen auf die göttliche Verheißung behaupten zu können.

**Ziel.** Das Ziel dieser Lektion sollte darin bestehen, die Wertschätzung für die heroischen Tugenden Mut, Loyalität und Unabhängigkeit zu wecken und durch die Verbindung dieser mit dem Begründer des jüdischen Volkes und des jüdischen Glaubens die jüdische Selbstachtung des Kindes zu wecken.

**Vorschläge für den Lehrer.** Beim Erzählen solcher Geschichten ist es sehr wichtig, dass die Moral dadurch durchgesetzt wird, dass das Kind die Tugenden der Charaktere nachahmt, deren Taten es erzählt, und nicht am Ende der Geschichte eine Moral anhängt. Wenn das Kind von der Geschichte beeindruckt ist, wird es mit Sicherheit zu einer Nachahmung kommen, und indem man eine in abstrakten Begriffen formulierte Moral hinzufügt, vermittelt man dem Kind nur das Gefühl, dass die Ereignisse der Geschichte nicht wirklich passiert sind, sondern „erfunden" wurden Zeigen Sie die Moral. Aber das Kind muss von der Geschichte beeindruckt sein, und der geschickte Lehrer wird wissen, wie er die Details der Geschichte selbst so beeindruckend gestalten kann, dass ihre Moral deutlich wird. Anstatt beispielsweise am Ende der Geschichte zu sagen: „Das zeigt uns, was für ein tapferer Mann Abram war, da er bereit war, sein Leben für Lot und seine Familie zu riskieren", könnte der Lehrer die Geschichte etwa wie folgt beginnen:

„Als Abram eines Tages an der Tür seines Zeltes saß, kam ein Mann ganz außer Atem auf ihn zugerannt und als er genug Luft zum Sprechen hatte, sagte er: ‚In Sodom hat eine schreckliche Schlacht stattgefunden.' . Ich und ein paar andere sind geflohen, aber dein Neffe Lot und seine Familie wurden alle gefangen genommen und niemand kann sagen, was mit ihnen gemacht wird.' Daraufhin rief Abram seine wenigen Anhänger, insgesamt 318, zusammen und folgte zusammen mit seinen Freunden und Nachbarn Aner, Eschkol und Mamre und ihren Soldaten dem Feind im Vertrauen darauf, dass Gott ihm helfen würde, obwohl er wusste, dass der Feind viele hatte mehr Männer als er.

Das interessante Detail, wie der Feind in die Schleimgruben im Tal von Siddim fiel, sollte nicht ausgelassen werden, da es der Erzählung mehr Lebendigkeit und Realität verleiht.

Man kann sich darauf verlassen, dass das Kind auf die Bitte um Wertschätzung für Abrams kriegerische Tugenden reagiert, aber die volle Bedeutung von Abrams Weigerung, einen Teil der Beute zu erhalten, und seiner Aussage „Du sollst nicht sagen, dass ich Abram reich gemacht habe" wird es nicht begreifen ohne die Hilfe des Lehrers. Bringen Sie seinen Standpunkt zum Ausdruck, indem Sie fragen: „Warum wollte Abram sich nicht vom König von Sodom reich machen lassen?" und wenn das Kind, was wahrscheinlich der Fall sein wird, keine Antwort parat hat, erklären Sie es wie folgt:

„Der Grund ist folgender. Abram war nicht in den Krieg eingetreten, um Geld oder andere Reichtümer vom Feind zu bekommen, denn das wäre bloßer Raub gewesen. Er hatte gekämpft, um Lot und seine Familie zu retten, und als sie in Sicherheit waren, war er zufrieden . Aber die Leute von Sodom waren, wie Sie aus unserer letzten Lektion wissen, sehr böse, und ihre Könige führten ständig Krieg, auch wenn es keinen guten Grund gab, damit sie durch das, was sie dem Feind wegnahmen, reich wurden . Und Abram dachte: Wenn ich jetzt Geld vom König von Sodom nehme, könnte er einige Zeit später sagen: „Abram, ich habe dich zu einem reichen Mann gemacht; jetzt musst du mir helfen, gegen meine Feinde zu kämpfen und sie auszurauben." Deshalb wollte Abram nichts mit ihm zu tun haben und würde nicht einmal einen Schuh von ihm annehmen. Er wusste außerdem, dass Gott ihm alles geben würde, was er brauchte, wenn er Gott gehorchte, und deshalb musste er keine Geschenke von jemandem annehmen wen er nicht respektieren und ehren konnte.

Machen Sie unbedingt klar, dass Melchisedeks Hommage an Abram eine Anerkennung der Tatsache war, dass sein Sieg ein Zeichen der Gunst Gottes war, und dass Abrams Gabe des Zehnten ein Ausdruck seiner Anerkennung der Hilfe Gottes im Kampf war.

Die Lektion könnte mit einer Zusammenfassung wie der folgenden abgeschlossen werden:

So wurde unser Vater Abram in dem neuen Land, in das er gekommen war, groß und berühmt, weil Gott ihn in allem, was er tat, segnete, sodass er von den Menschen um ihn herum als „Fürst Gottes" bezeichnet wurde.

# KAPITEL VIII

## HAGAR UND DIE GEBURT ISMAELs
### Genesis 15.16.17

**Deutung.** In Kapitel 15 wird der Glaube Abrams noch einmal hervorgehoben. Gott verspricht Abram eine große Belohnung, aber da er kinderlos ist, ist ihm eine Belohnung gleichgültig, die letztendlich an Fremde, die Nachkommen Eliesers, weitergegeben werden muss, aber Gott erklärt ihm, dass er ein eigenes Kind haben soll, dem die Belohnung zusteht herab, und er glaubt an Gottes Versprechen, auch wenn es viele Jahre lang unerfüllt bleibt.

Die in den Versen 12 bis 16 aufgezeichnete Vision Abrams ist bedeutsam, da sie den vorsehungsgemäßen Charakter der ägyptischen Knechtschaft zeigt. Wir müssen hier jedoch nicht im Detail darauf eingehen, da seine Bedeutung erst im Lichte späterer Lektionen deutlich wird und es für das Kind nicht an sich interessant ist.

Für die Interpretation des Hauptthemas dieser Lektion wird der Leser auf die Einleitung dieses Buches, Seiten 19-20, verwiesen. Es ist anzumerken, dass Sarai eine selbstlose Tat begeht, indem sie Abram ihre Dienerin Hagar zur Frau gibt, in der Hoffnung, dadurch zur Erfüllung des Abram gegebenen Versprechens beizutragen, und es ist kein Wunder, dass sie sich über die arrogante Haltung Hagars ärgert , die der Hauptnutznießer ihrer selbstlosen Tat ist und sie dennoch über sie rühmt, als wäre Sarais Unfruchtbarkeit ein Zeichen der Minderwertigkeit und vielleicht sogar der göttlichen Ungnade.

Die Tatsache, dass Hagar, als sie vor der Geburt Ismaels aus Sarai flieht, vom Engel gebeten wird, zurückzukehren, und dass Gott nach der Geburt Isaaks die Trennung nicht nur gutheißt, sondern auch anordnet, zeigt deutlich, dass das Motiv für die Trennung war Dies drückte sich in den Worten aus: „In Isaak soll dir ein Same genannt werden", und dass in der Zwischenzeit Abrams Glaube durch seine Verbundenheit mit Ismael und später durch seine Verbundenheit mit Isaak auf die Probe gestellt werden sollte.

Es ist auch hier wie anderswo zu beachten, dass die Patriarchen und ihre Frauen selbst nur eine vage und oft falsche Vorstellung davon hatten, welche Absichten Gott in seinem Umgang mit ihnen hatte. Als Sarai erkannte, dass sie unfruchtbar ist, argumentierte sie zunächst, dass Gottes Versprechen an Abram nur für ihn und nicht für sie gelten sollte und dass er daher eine andere Frau nehmen müsse. Als Ismael geboren wird, denkt Abram, dass er das Kind des Schicksals sein wird, und es ist eine der Prüfungen, auf die sein Glaube gestellt wird, als Gott ihm nach der Geburt Ismaels sagt, dass nicht dieser Sohn, sondern ein anderer sein soll Wer Sarai geboren wird, soll sein Erbe sein. Der Sinn all dessen besteht darin, dass die Geschichte der Patriarchen nicht nur eine persönliche Biographie ist, sondern dass ihre wahre Bedeutung darin besteht, die Sorgfalt zu zeigen, die Gott bei der Auswahl des Materials walten ließ, aus dem das auserwählte Volk geformt werden sollte . Nicht alle Nachkommen Abrams sollten für diese Wahl geeignet sein, aber er sollte der „Vater einer Vielzahl von Nationen" werden, von denen nur eines ausgewählt werden sollte.

Bei der Lehre des Bundes, die in Genesis 17 aufgezeichnet ist, kann die Zeremonie der Beschneidung aus offensichtlichen Gründen im Unterricht nicht weiter behandelt werden, wohl aber die Namensänderung von Abram und Sarai, und daher muss ihre Bedeutung interpretiert werden. Die Vergabe eines neuen Namens ist ein Zeichen von Eigenverantwortung und Interesse. Gott zeigt seine Liebe zu Abram und Sarai und seine Absicht, engere Beziehungen zu ihnen einzugehen, indem er ihnen neue Namen gibt. Es ist zu beachten, dass Gott Isaak auch seinen Namen gibt (Genesis 18,21) und den Namen Jakobs in Israel ändert, nachdem er sich des Titels als würdig erwiesen hat.

**Ziel.** Diese Lektion gehört zu einer Reihe von Ereignissen, die dem Kind den Glauben an die Wahrheit der Worte Gottes vermitteln sollen, die am Ende bestätigt werden, obwohl sie auf den ersten Blick oft unmöglich zu verwirklichen scheinen, und insbesondere den Glauben an die Erwählung Israels durch Gott.

**Vorschläge für den Lehrer.** Beim Unterrichten dieses Kapitels sind zwei Hauptschwierigkeiten zu überwinden; Erstens, dass die Moral so abstrakt ist, dass die ganze Geschichte, wie wir sie interpretiert haben, als Einblick in das Wirken der Vorsehung in der Geschichte Israels und der Welt gedacht ist, und zweitens, dass die Vorfälle von den familiären Beziehungen eines abhängen Art, die ein Kind mit seiner Unwissenheit über die Fakten der Sexualität nicht leicht verstehen kann.

Die erste dieser Schwierigkeiten kann weitgehend überwunden werden, indem man den menschlichen und persönlichen Aspekt der Geschichte viel stärker als sonst betont, insbesondere Abrams Wunsch nach einem Sohn und seine wiederholten Enttäuschungen vor der endgültigen Verwirklichung der Verheißung Gottes an ihn; und mit etwas Fingerspitzengefühl lässt sich auch die zweite Schwierigkeit überwinden. Um zu zeigen, wie diesen beiden Schwierigkeiten begegnet werden kann, wird es hier notwendig sein, einen großen Teil der Geschichte so zu erzählen, wie sie einer Klasse von Kindern im Alter zwischen sieben und acht Jahren erzählt werden kann. Nachdem er von Gottes Versprechen an Abram erzählt hatte, aus seinen Nachkommen eine große Nation zu machen, so zahlreich wie die Sterne am Himmel, und von Abrams Freude darüber, dass er einen Sohn haben würde, der nach ihm der Vater dieses großen Volkes werden würde, könnte der Lehrer etwa so weitermachen: folgt:

Doch Jahr für Jahr vergingen und Abram und Sarai wurden bereits alt, und dennoch hatte Gott sein Versprechen an Abram, ihm einen Sohn zu geben, aus dessen Kindern und Kindeskindern er ein großes und gutes Volk machen würde, nicht erfüllt. Und Oh ! wie Abram tatsächlich einen Sohn haben wollte. Wenn er die Kinder seiner Nachbarn mit ihren leuchtenden Augen und lachenden Gesichtern spielen sah, dachte er: *„ Wenn ich nur so ein kleines Kind hätte , wie glücklich wäre ich und wie schön würde es sein, zuzusehen, wie es groß wird.“ stark! Wie würde ich Gott für solch einen Sohn danken und wie ich meinem kleinen Jungen beibringen würde, Gott zu danken, ihn zu lieben und ihm zu gehorchen und freundlich und gut zu allen Menschen zu sein, so wie Gott es möchte, dass wir es durch ihn und seine Kinder tun und Kindeskinder aller Nationen der Erde würden gesegnet werden. „* Und er sagte Sarai oft seine Wünsche und sie versuchten einander zu trösten und einer erinnerte den anderen an Gottes Versprechen und sagte: *„ Wir müssen geduldig sein.“ Gott hat uns einen Sohn versprochen und zu seiner Zeit wird er uns einen schicken. „* Doch eines Tages kam Sarai eine Idee. Sie dachte bei sich: „Vielleicht ist es meine Schuld, dass Abram keine Kinder hat. Gott hat Abram einen Sohn versprochen, aber er hat mir kein Versprechen gegeben. Vielleicht würde Gott Abram einen Sohn von diesem anderen geben, wenn Abram jemand anderen heiraten würde.“ Gattin." Nun hatte Sarai eine Dienerin namens Hagar, und sie sagte Abram, er solle auch Hagar heiraten, denn damals hatten Männer oft mehr als eine Frau. Und Abram tat, was Sarai vorgeschlagen hatte, und tatsächlich wurde Hagar nicht lange nach ihrer Hochzeit mitgeteilt, dass sie Abram in ein paar Monaten ein Kind gebären würde. Nun würden Sie denken, Kinder, nicht wahr, dass, nachdem Sarai so freundlich zu ihrer Dienerin Hagar gewesen war und sie Abram heiraten ließ, Hagar Sarai dafür lieben und ihr im Gegenzug Freundlichkeit erweisen würde. Aber Hagar zeigte sich zu dieser Zeit sehr gemein. Sie verspürte einen törichten Stolz, weil Gott ihr einen Sohn schenken wollte und Sarai keinen gegeben hatte, und sie pflegte zu ihr zu sagen: „Siehe, du bist seit vielen Jahren mit Abram verheiratet und doch hat Gott ihm keine Kinder von dir geschenkt.“ , aber ich bin erst vor kurzem mit ihm verheiratet und werde ihm bald einen Sohn gebären. Zeigt das nicht, dass Gott mich mehr liebt als dich? Zeigt das nicht, dass ich besser bin als du? Glaubst du, ich werde es tun? Bist du noch länger dein Diener ? Nein, in der Tat, ich bin nicht nur so gut wie du, sondern sogar besser.“ Als Sarai diese Worte Tag für Tag hörte, war sie zutiefst betrübt und wütend und beschwerte sich bei Abram, und Abram sagte zu Hagar, dass sie Sarai weiterhin wie zuvor dienen müsse. Doch als Sarai Hagar ihre Arbeit erledigen lassen wollte, lief sie davon und floh in die Wildnis.

Das oben Gesagte wird genügen, um zu zeigen, wie die erwähnten Schwierigkeiten überwunden werden können. Die kursiv geschriebenen Passagen deuten darauf hin, wie dem Kind das Gefühl vermittelt werden kann, dass die Geburt Isaaks Teil eines göttlichen Plans zum Wohl der Welt war. Dies kann noch deutlicher durch den letzten Teil der Erzählung verdeutlicht werden, in dem Gott Ismael als „Wildesel von einem Mann" ablehnt. Der Lehrer muss dies der Klasse deutlich machen, indem er fragt: „Glauben Sie, dass dieser Junge Ismael, von dem Gott wusste, dass er wild und böse sein würde, derjenige war, den Gott meinte, als er Abram sagte, dass er einen Sohn haben würde, der gehen würde?" ein Segen für die ganze Welt sein?" Er muss auch Abrams Zuneigung zu Ismael betonen, die ihn dazu brachte, ihn mit dem Sohn der Verheißung zu verwechseln, da Abram vermutlich nichts von der Prophezeiung über Ismaels Zukunft wusste. Dadurch wird dem Kind die in der Erzählung enthaltene Idee vermittelt: „Es gibt viele Pläne im Herzen eines Menschen, aber der Rat des Herrn bleibt bestehen."

# KAPITEL IX

## ABRAHAM UNTERHALTET DIE ENGEL
### Genesis 18,1 bis 16

**Deutung.** Diese Verse haben den alten hebräischen Kommentatoren nicht geringe Schwierigkeiten bereitet. Der erste Vers enthält eine Aussage über die Erscheinung Gottes vor Abraham, gibt dieser Offenbarung jedoch keinen Inhalt, und dann werden die drei Engel in die Erzählung eingeführt, als ob hier eine weitere Offenbarung gemeint wäre. Darüber hinaus stellte auch die Zahl der Engel, die Abraham erschienen, obwohl einer diesem Zweck hätte dienen können, seine Schwierigkeit dar, da christliche Theologen diesen Vers mit dem vorhergehenden in Verbindung brachten und versuchten, ihn als Argument für die Dreieinigkeit zu verwenden. Darüber hinaus gibt es in diesen Versen häufige Zahlenänderungen, die schwer zu erklären sind. So spricht Abraham in Vers 3 die Engel im Singular an, in Vers 4 im Plural. In Vers 9 lesen wir *va-yomeru* „Und sie sagten", während Vers 10, der eine Fortsetzung dieses Gesprächs zu sein scheint, mit *va-yomar* „Und er sagte" beginnt. In Vers 13 mischt sich plötzlich Gott selbst in das Gespräch ein. Ein Vergleich mit anderen Teilen der Bibel, in denen Engel vorkommen, zeigt, dass auch sie ähnliche stilistische Besonderheiten aufweisen. [2]

Das Studium dieser Passagen zeigt die folgenden charakteristischen Merkmale der biblischen Vorstellung von Engeln, die helfen werden, die Schwierigkeiten unseres Textes zu klären. Der Engel ist, wie der Name sowohl auf Hebräisch als auch auf Englisch andeutet, der Bote Gottes. Da er nur existiert, um Gottes Gebot zu erfüllen, sind seine Worte die Worte Gottes und können durch die Worte „Gott sagte" sowie durch „der Engel (oder die Engel) sagten)" eingeleitet werden. Dies erklärt die offensichtliche Inkonsistenz bei der Verwendung von Singular und Plural in unserem Abschnitt. Der Engel hat keine Entscheidungsbefugnis, wie aus der Aussage in Exodus 23,21 hervorgeht, dass der Engel Sünden nicht vergeben kann. Da er keine individuelle Persönlichkeit oder einen eigenen Willen hat, sondern lediglich eine Manifestation des Willens Gottes ist, hat er keinen eigenen Namen, da der Name ein Zeichen der Individualität ist, sondern trägt den Namen Gottes, der ein Geheimnis ist, er darf nicht verraten werden. [3] (Genesis 32. 3. Exodus 23. 21. Richter 13. 18.) Diese Idee der Unpersönlichkeit der Engel wird von den Rabbinern noch einen Schritt weitergeführt, die darauf bestehen, dass kein Engel jemals mehr als eine Botschaft und einen Bericht ausführt für die Anzahl der Engel, die Abraham erschienen, indem sie jedem eine eigene Mission zuwiesen; einer, um Abraham die Geburt Isaaks vorherzusagen, ein anderer, um Lot zu retten, und ein dritter, um Sodom zu zerstören. Eine solche Erklärung ist jedoch kaum notwendig, da es in der Bibel auch andere Stellen gibt, in denen mehrere Engel ohne ersichtlichen Grund erwähnt werden, wie beispielsweise im Traum Jakobs. Was die Schwierigkeit betrifft, die wir in den Versen eins und zwei gefunden haben, kann sie nun klarer werden, wenn man die Erscheinung der Engel in Vers zwei als Erklärung der Offenbarung versteht, auf die sich Vers eins bezieht.


Was die Bedeutung von Engeln im Allgemeinen betrifft, können wir die Berichte über ihre Erscheinungen als vom biblischen Autor beabsichtigt betrachten, um seine Wertschätzung für das Geheimnis zu vermitteln, wie Gott mit Sterblichen kommunizieren kann, ohne seine göttliche Majestät zu beeinträchtigen. Sie vermitteln dem Kind sicherlich etwas von dieser Wertschätzung, denn trotz ihrer natürlichen Tendenz, sich Gott in anthropomorphen Begriffen vorzustellen, wird die Vorstellungskraft von Kindern durch diese geheimnisvollen Vorboten eines unsichtbaren Königreichs mit einem Gefühl für die Majestät der Herrschaft Gottes geprägt.

**Ziel.** Diese Episode wurde immer und zu Recht genutzt, um dem Schüler die Wertschätzung für das höfliche Interesse an dem Fremden und die respektvolle Aufmerksamkeit gegenüber seinen Wünschen und Wünschen zu vermitteln, die die wahre Gnade der Gastfreundschaft ausmachen, aber einen ebenso wichtigen pädagogischen Wert darstellen. Aus der Sicht des Kindes vielleicht sogar noch wichtiger ist die Fähigkeit, ihm ein Gefühl für die geheimnisvollen Möglichkeiten dieser Welt zu vermitteln, in der sich jeder vorbeikommende Fremde, den wir unterhalten, als verkleideter Engel entpuppen kann. der sich uns offenbaren und uns segnen wird, wenn wir ihn nicht von unserer Tür abweisen. Die Geschichte sollte beim Kind das Gefühl hervorrufen, das in dem Ausruf „Ist etwas zu schwer für den Herrn" zum Ausdruck kommt? Natürlich darf der Lehrer den Zusammenhang der Geschichte mit dem Hauptthema der Geburt Isaaks, auf dessen Bedeutung wir bereits in der vorherigen Lektion hingewiesen haben, nicht aus den Augen verlieren und auch nicht zulassen, dass das Kind ihn aus den Augen verliert.

**Vorschläge für den Lehrer.** Dies ist eine Geschichte, deren pädagogischer Wert nur durch die Analyse ihrer Moral verloren gehen würde, da die Schönheit einer Blume zerstört wird, wenn man sie auseinanderzieht, um ihre Struktur zu zeigen. Erzählen Sie die Geschichte einfach und möglichst in der Sprache der Bibel. Achten Sie darauf, der Geschichte ihren charakteristischen malerischen Rahmen zu geben, und stellen Sie daher zunächst die modernen Wohn- und Reisebedingungen denen aus Abrahams

Tagen gegenüber und stellen Sie so einen Kontaktpunkt zur gegenwärtigen Erfahrung des Kindes her. Folgende Fakten sollten dem Kind eingeprägt werden:

1. Dass Abrahams Nomadenleben, das auch das Leben vieler seiner Zeitgenossen war, die Unterbringung in einem Zelt erforderlich machte, das überall dort aufgeschlagen werden konnte, wo er sein Zuhause errichten wollte,

2. Dass das Reisen größtenteils zu Fuß über heißen Sand oder Steine erfolgte,

3. Dass Reisende nicht sicher waren, in regelmäßigen Abständen Nahrung zu bekommen, und

4. Dass es daher eine große Freundlichkeit war, ihnen Ruhe und Erfrischung zu bieten.

Erzählen Sie nach dieser Einleitung die Geschichte, wie Abraham eines Tages drei müde Reisende auf der Straße in Richtung seines Zeltes kommen sah und sie einlud, sich auszuruhen, sich zu erfrischen und etwas zu essen. Sagen Sie ihnen dann auf eine Art und Weise, die den Eindruck erwecken würde, Sie würden der Klasse ein großes Geheimnis anvertrauen, dass diese Männer, die Abraham eingeladen hatte, überhaupt keine Menschen, sondern Engel Gottes waren.

Der Vorfall, dass Sarah lacht, als der Engel seine Botschaft überbringt, und dann leugnet, dass sie gelacht hat, sollte nicht ausgelassen werden, da dies der Geschichte eine interessante menschliche Note verleiht und noch mehr, da es Anlass für die Antwort des Engels gibt, die die Moral des Engels enthält Geschichte: „Kann etwas zu wunderbar für Gott sein?" Es ist nicht nötig, Sarahs Ausflüchte zu beschönigen und schon gar nicht, sie übermäßig zu betonen, aber der Vorfall sollte so erzählt werden, dass ihr Motiv deutlich wird. Sagen Sie zum Beispiel; „Wie ihr wisst, war Sarah sehr alt, so alt, dass sie dachte, sie sei zu alt, um ein kleines Baby zu bekommen, und als sie hinter dem Vorhang des Zeltes hörte, wie der Engel Abraham sagte, dass sie in einem Jahr ein kleines Kind bekommen würde Als Sohn lachte sie, so wie du lachen würdest, wenn ich dir sagen würde, dass ein Rosenstrauch mitten im Winter Rosen tragen würde. Aber der Engel sagte zu Abraham: „Warum lacht Sarah? Gibt es etwas, was Gott nicht tun kann?" Da schämte sich Sarah und sagte: „Ich habe nicht gelacht." Aber der Engel sagte: „Nein, aber du hast gelacht, und Sarah schämte sich mehr denn je, denn sie wusste, dass sie nicht die Wahrheit gesagt hatte, und sie sagte nichts mehr." "

# KAPITEL X

## DIE ZERSTÖRUNG VON SODOM UND GOMORRAH
### Genesis 18,7 bis 19,29

**Deutung.** Der Vorfall der Zerstörung von Sodom und Gomorra ist ebenso wie der der Zerstörung der Generation der Sintflut als Behauptung der Gerechtigkeit Gottes gedacht. Das Beharren auf der Gerechtigkeit Gottes wird umso nachdrücklicher, wenn wir die Tatsache anerkennen, dass Seine Evangeliumszeiten dazu führen können, dass wir Seine Gerechtigkeit manchmal in Frage stellen. Wenn daher Abraham ausruft: „Soll nicht der Richter der ganzen Welt Gerechtigkeit üben?" Er wird für seine Anmaßung nicht zurechtgewiesen, aber im Gegenteil scheint Gott seine Haltung einer Haltung vorzuziehen, die scheinbare Ungerechtigkeit mit selbstgefälliger Resignation hinnimmt, und Gott scheut sich nicht, sich vor Abraham zu rechtfertigen, ganz im gleichen Geist wie das Buch von Hiob stellt dar, dass er die blasphemischen Anschuldigungen Hiobs den frommen Apologetiken seiner Freunde vorzieht. (Hiob 42. 7.)

Das besondere Verbrechen, das als Beispiel für die Bosheit von Sodom angeführt wurde, war eine Form der Unmoral, deren Opfer vor allem Fremde waren. Lots Angebot, seine Töchter anstelle der Fremden den Männern von Sodom zu übergeben, beruhte nicht nur auf dem Gefühl der Verpflichtung zur Gastfreundschaft, sondern auch auf der Berücksichtigung des unterschiedlichen Grades an Unmoral, der mit den beiden Taten verbunden war. Es versteht sich von selbst, dass das spezifische Verbrechen der Männer von Sodom den Kindern nicht anders erklärt werden kann als aus der Neigung, Fremde zu missbrauchen, dem Gegensatz zur Haltung Abrahams und Lots ihnen gegenüber, und insofern die Natur des Verbrechens dies nicht kann Man kann Lots Angebot, die Fremden durch seine Töchter zu ersetzen, nicht lehren, da diese Tat dann als Versuch erscheinen würde, eine Ungerechtigkeit durch die Begehung einer anderen zu beheben.

**Ziel.** Diese Lektion vermittelt dem Kind mehr als eine Moral. Der Stil von Abrahams Bitte um Sodom und Gomorra ist ein sehr schönes Beispiel für Hingabe im Gebet und sollte die Haltung des Kindes im Gebet beeinflussen. Die Lektion der Gastfreundschaft, die in der vorangegangenen Geschichte gelehrt wurde, wird durch den Kontrast zwischen der Aufnahme der Fremden durch Abraham und Lot, der in Abrahams Haushalt aufgewachsen ist, einerseits und durch die Menschen von Sodom andererseits noch stärker betont . Dieser Kontrast zwischen dem Charakter Abrahams und dem des Volkes von Sodom sollte den jüdischen Stolz des

Kindes als Nachkomme Abrahams ansprechen, auf dessen Wert wir bereits zuvor hingewiesen haben. Die Verwandlung von Lots Frau in eine Salzsäule ist eine hervorragende Lektion über den Wert von promptem Gehorsam und die Gefahr von Zögern und übermäßiger Neugier.

**Vorschläge für den Lehrer.** Wenn Sie Abrahams Bitte um Sodom und Gomorra lehren, geben Sie nicht nur den Inhalt von Abrahams Gebet wieder, sondern verinnerlichen und vermitteln Sie den ehrfurchtsvollen Geist, der in einleitenden Sätzen wie „Siehe, nun habe ich es auf mich genommen, zum Herrn zu sprechen, der nichts ist." Staub und Asche, Zufall usw. „Oh, lass den Herrn nicht zornig sein, und ich werde sprechen", und noch einmal: „Lass den Herrn nicht zornig sein, und ich werde nur dieses eine Mal sprechen." Damit sich dieser Teil der Lektion auf die Haltung des Kindes im Gebet auswirkt, sprechen Sie von Abrahams Bitte als einem Gebet, indem Sie sagen: „Dann betete Abraham usw." und nicht nur „Dann sagte Abraham", aber natürlich nicht: eine Dissertation über das Gebet verfassen; Lassen Sie das Kind seine eigene Moral zeichnen.

Wenn man von der Aufnahme der Engel in Sodom erzählt, ist es gut, den Kontrast zwischen der Art und Weise, wie die Männer von Sodom Fremde behandelten, und der Art und Weise, wie Abraham und Lot sie behandelten, hervorzuheben. Die Anschuldigung der Männer von Sodom: „Dieser eine Kerl kam hierher, um sich aufzuhalten, und er wird notwendigerweise den Richter spielen" ist eine schöne, unfreiwillige Hommage an Lots moralische Überlegenheit und sollte zitiert werden. Das Schlussbild in Vers 28 sollte nicht ausgelassen werden, da es die Verbindung Abrahams mit diesen Ereignissen hervorhebt und sozusagen ein abschließendes Tableau der Geschichte liefert.

Eine Beschreibung der Region des Toten Meeres in Palästina, begleitet von einem guten Bild, das ihre gegenwärtige Verwüstung zeigt, könnte einen guten Abschluss der Lektion bilden. Die folgenden Fragen testen das Verständnis des Kindes für die Moral der Geschichte:

1. Wie behandelte unser Vater Abraham Fremde? Wie ging es Lot? Wo hat Lot gelernt, immer freundlich zu Fremden zu sein? Wie behandelten die Einwohner von Sodom Fremde?

Warum wollte Gott Sodom und Gomorra zerstören? War Abraham froh oder traurig, als Gott Abraham sagte, dass er Sodom und Gomorra zerstören würde? Was hat er getan? Können Sie sein Gebet wiederholen?

Was sollten Lot und seine Familie nicht tun, sagten die Engel? Haben sie alle gehorcht? Warum blickte Lots Frau zurück? Was ist mit ihr passiert, weil sie nicht gehorchte?

# KAPITEL XI

## DIE SCHEIDUNG VON HAGAR
### Genesis 20 und 21

**Deutung.** Der in Kapitel 20 aufgezeichnete Vorfall soll die Sorgfalt Gottes bei der Bewahrung der Reinheit des auserwählten Samens zeigen, aber er kann Kindern nicht beigebracht werden, weil sie die Tatsachen der Sexualität nicht kennen. Die Verse 21 bis zum Ende des Kapitels 21 können weggelassen werden, da sie für das Kind nichts Interessantes bieten.

Zur Interpretation des Hauptthemas dieses Kapitels siehe Einleitungsseiten 19-20 und Kapitel VIII. Es ist zu beachten, dass Gottes Wahl Isaaks nicht bedeutet, dass sich seine Vorsehung nicht auch auf Ismael erstreckt. Ismaels Leben wird nicht nur gerettet, sondern auch Gottes Versprechen an Abraham in Bezug auf Ismael und sein Versprechen in Bezug auf Isaak werden gehalten.

**Ziel.** Das Ziel dieser Lektion ist praktisch das gleiche wie in Kapitel VIII: den Glauben an Gottes Vorsehungsinteresse an den menschlichen Angelegenheiten im Allgemeinen und an Israels Schicksal im Besonderen zu wecken. Das Kind muss zu dem Zeitpunkt, an dem es ihm beigebracht wird, nicht alle Implikationen der Erzählung verstehen, aber wenn es richtig unterrichtet wird, wird die Geschichte einen Eindruck hinterlassen und es wird sie später vollständiger verstehen. Wenn Gott die Stimme Ismaels hört, sollte das Kind den Wert des Gebets erkennen und so sein unmittelbares Leben beeinflussen.

**Vorschläge für den Lehrer.** Bevor Sie mit der Erzählung dieser Geschichte beginnen, erinnern Sie die Kinder durch gezielte Fragen an die frühere Geschichte der Beziehungen zwischen Abraham, Sarah, Hagar und Ismael, wie wir sie in Kapitel VIII erklärt haben. Weisen Sie dann auf die Komplikationen hin, die die Geburt Isaaks mit sich brachte, da Gott versprochen hatte, dass Isaak der Sohn sein sollte, der den Segen Abrahams zusammen mit dem Besitz des verheißenen Landes und Ismaels erben sollte, der nun anfing, in das „verheißene Land" hineinzuwachsen. „Der Wildesel von einem Mann", so die Prophezeiung, die seiner Geburt vorausgegangen war, würde dies mit ihm bestreiten. Deshalb mussten Hagar und Ismael nach der Geburt Isaaks weggeschickt werden. Da die Idee des Erbes und die Idee des nationalen Schicksals für Kinder zu abstrakt sind, muss die Geschichte an ihr Verständnis angepasst werden, indem sie etwa wie folgt auf eine persönlichere Ebene gestellt wird:

„Als nun Hagar sah, dass Gott Sarah auch einen Sohn gegeben hatte, wie der Engel es versprochen hatte, und dass dieser Sohn Isaak und nicht ihr eigener Ismael derjenige war, dem Gott Abraham sagte, er würde das Land Kanaan geben und wessen Kinder sein würden Als sie ein großes jüdisches Volk war, wurde sie eifersüchtig und hasste Sarah sehr und sogar Sarahs kleines Baby Isaac. Und auch Ismael, der jetzt zu einem großen, wilden Jungen herangewachsen war – Sie erinnern sich, der Engel hatte gesagt, er würde ein wilder Mann sein, wenn er erwachsen wäre – war auch eifersüchtig auf Isaak. Und Hagar versuchte Abraham zu überreden, ihrem Sohn einen Teil dieses Landes Kanaan zu geben, das Gott Isaak versprochen hatte. Nun sah Sarah das alles und wusste, dass es für Isaak nicht gut sein würde, zusammen aufzuwachsen mit diesem wilden und bösen Ismael und so befahl sie Abraham, Hagar und ihren Sohn in ein anderes Land zu schicken, wo sie Isaak, den Gott zum Vater des jüdischen Volkes erwählt hatte, kein Unrecht antun konnten. [4]

Zum Abschluss der Geschichte könnte man das Kind interessieren, indem man ihm erzählt, dass es Nachkommen Ismaels gibt, die heute noch leben und wie wir stolz darauf sind, von Abraham abzustammen, und indem man einige der Gewohnheiten der Beduinen-Araber, ihr Nomadenleben und ihre Hirtenbeschäftigung beschreibt zu dem der Patriarchen und auch zu ihren Stammesfehden und nicht seltenen Plünderungsüberfällen, die immer noch die Prophezeiung rechtfertigen würden: „Seine Hand wird gegen jeden Mann sein und die Hand eines jeden gegen ihn", aber man sollte der Gerechtigkeit halber sagen, dass dies nicht wahr ist der großen Zahl von Arabern, die sich in zivilisierteren Gemeinschaften niedergelassen haben. Ein Bild von Beduinen in der Neuzeit wäre für die Klasse von Interesse und würde dazu beitragen, der biblischen Geschichte ein Gefühl für die Realität zu verleihen.

# KAPITEL XII

## DAS OPFER VON ISAAK
### Genesis 22,1 bis 19

**Deutung.** Die Geschichte der *'Akedah* , also der beabsichtigten Opferung Isaaks, stellt die höchste Prüfung dar, der Abrahams Glaube ausgesetzt wurde. Nachdem Ismael weggeschickt und Isaak eindeutig als Sohn der Verheißung erklärt wurde, wird Abraham von Gott befohlen, Isaak zu opfern. Der Test für Abrahams Glauben besteht nicht nur in der Bereitschaft, Gefühle und Zuneigung im Gehorsam gegenüber Gott zu opfern, sondern dieses letzte Gebot steht in direktem Widerspruch zu den früheren Worten Gottes an ihn und dennoch gehorcht er.

Die Geschichte kann nur im Licht der religiösen Bräuche der Zeit Abrahams vollständig verstanden werden, wonach Menschenopfer keine Seltenheit waren. (Siehe 2. Könige 3, 27, auch 21, 6, 23, 10 und Jeremia 32, 35.) In diesem Licht betrachtet bedeutete die Aufforderung Gottes an Abraham, seinen Sohn zu opfern, nichts, was einem Zeitgenossen Abrahams im Wesentlichen unvereinbar mit dem Göttlichen erschienen wäre Charakter. Die Neuerung besteht darin, dass Gott die Vollendung dieses Aktes verbietet, so dass diese Lektion in erzählerischer Form dieselbe Idee lehrt, die später in 3. Mose 18, 21 und 20, 2-5 ihre rechtliche Formulierung erhielt. Das Kapitel hat daher eine zweifache Botschaft; (1) dass wir, um die Auserwählten Gottes zu sein, die Bereitschaft erfordern, jeden persönlichen Wunsch und sogar jede natürliche Zuneigung im Gehorsam ihm gegenüber zu opfern, und (2) dass Gottes Wille, dem er gehorchen will, wohlwollend ist und dies nicht tut Menschenopfer fordern oder wünschen.

Die Idee, dass Gott kein Menschenopfer wünscht, war eine große moralische Entdeckung, und diese Erzählung in unserer Bibel gibt uns ein interessantes Beispiel dafür, wie solche neuen spirituellen Erkenntnisse im Allgemeinen entstehen; Nämlich durch die Bereitschaft, uns voll und ganz der Vision der Wahrheit zu widmen, die wir gerade haben. Weil Abraham bereit war, Isaak im Einklang mit seinem früheren Gefühl dafür zu opfern, welche Pflichten von ihm verlangt wurden, wurde ihm diese neue Offenbarung des Willens Gottes im Gegensatz zu Menschenopfern gewährt. Hätte er, obwohl er mit seinen Zeitgenossen den Glauben an die Legitimität von Menschenopfern teilte, gezögert, dieser Idee gerecht zu werden, wenn es darum ging, für sich selbst zu leiden, wäre ihm nie die Einsicht vermittelt worden, dass Gott kein Menschenopfer wünscht. Unsere moralischen Standards sind zu jeder Zeit unvollkommen, aber nur diejenigen, die sich vorbehaltlos dem von ihnen wirklich vertretenen Standard verpflichten, sind die Entdecker neuer moralischer Wahrheiten.

Die Rolle, die Isaak bei dem Vorfall spielte, wird in der biblischen Erzählung nur vage angedeutet. Die *agadischen* Ausarbeitungen der Geschichte stellen häufig dar, dass Isaak wusste, welches Schicksal ihm zugedacht war, und sich völlig damit abfinden würde. Dass Isaak wahrscheinlich Bedenken hatte, wird durch die Frage nahegelegt: „Siehe, das Feuer und das Holz; aber wo ist das Lamm zum Brandopfer?" Auf jeden Fall muss er gewusst haben, was Abraham mit ihm vorhatte, als er an den Altar gefesselt wurde, und da in der Erzählung kein Protest vermerkt ist, steht die rabbinische Vorstellung von der Rolle, die Isaak spielte, nicht im Widerspruch zur biblischen Geschichte. Der Lehrer ist daher berechtigt, die Geschichte auf eine Weise zu vermitteln, die implizieren würde, dass Isaak sich bereitwillig den Plänen Abrahams in Bezug auf ihn hingab.

Wenn Isaak durch den Widder ersetzt wird, erhält man einen Einblick in die Bedeutung des Tieropfers. Für die Alten bedeutete es wahrscheinlich einen symbolischen Ausdruck der Erkenntnis, dass Gott das Recht hatte, in seinem Dienst die Opferung von Menschenleben zu fordern, und dass es ein Zeichen seiner Liebe und Gnade war, dass eine solche Forderung nicht gestellt wurde. Es weist auf die wichtige Rolle hin, die Tieropfer in der Geschichte bei der Entwöhnung der Menschheit von der Gewohnheit des Menschenopfers spielten.

**Ziel.** Ziel dieser Lektion ist es, dem Kind das Gefühl zu vermitteln, dass seine Liebe zu Gott als Sohn Abrahams so groß sein sollte, dass es wie Abraham bereit sein sollte, jedes Opfer zu bringen, das seine Religion von ihm verlangt. Die traditionelle Verbindung des *Schofars* an Rosch ha-Schana mit dem Widder der Akeda legt nahe, dass diese Geschichte dazu genutzt werden könnte, der Neujahrsfeier einen Sinn zu geben.

**Vorschläge für den Lehrer.** Das Pathos dieser Erzählung ist so tiefgründig und intensiv, dass viele Lehrer mit der in unserer Zeit weit verbreiteten Vorstellung arbeiten, dass Kinder nur mit dem Fröhlichen und Fröhlichen erzogen werden sollten und von der Kenntnis der tragischeren Aspekte ferngehalten werden sollten Leben, möchte darauf verzichten, es allen Kindern beizubringen. Wenn daher der Lehrplan der Schule verlangt, dass sie es unterrichten, erzählen sie die Geschichte so sachlich wie möglich und scheinen bestrebt zu sein, darüber hinwegzukommen. Dies ist jedoch ein Fehler, denn Kinder hatten schon immer eine Vorliebe für Geschichten, die etwas Tragisches, ja sogar Unheimliches und Unheimliches enthielten, wie die Beliebtheit von Rotkäppchen zeigt, und die Geschichte der Akedah ist eine, die das kann Genau aus dem Grund dessen, was unserem modernen Geist seltsam vorkommt, prägen Sie die Lektion in die Vorstellungskraft des

Kindes ein. Es leichtfertig zu übergehen bedeutet, den zweifellos Höhepunkt der gesamten Abraham-Geschichte zu verderben und eine der besten Gelegenheiten zu ignorieren, das Kind mit der Lektion des Glaubens, des Gehorsams und der Selbstaufopferung tief zu beeindrucken .

Beginnen Sie die Lektion, indem Sie von Abrahams Liebe zu Isaak sprechen, dem einzigen Sohn, der ihm geblieben ist, und von den Hoffnungen, die er hegte, ihn zu einem großen Mann heranwachsen zu sehen, wie Gott es versprochen hatte. Erzählen Sie dann, wie Gott beschloss, Abrahams Gehorsam auf die Probe zu stellen, indem er sah, ob er bereit wäre, das aufzugeben, was er am meisten liebte, wenn er es ihm befahl. Bevor Isaak von Gottes Befehl zum Opfern erzählt, erinnert er das Kind an den vorherrschenden Brauch des Tieropfers, von dem es im Zusammenhang mit Kain und Noah gehört hatte. Die Tatsache, dass Menschenopfer zu dieser Zeit allgemein verbreitet waren, sollte dem Kind nicht beigebracht werden, da es für es unmöglich sein wird, eine solche Praxis zu verstehen, und da die Geschichte für es nur dadurch an Kraft gewinnt, dass sie Gottes Forderung an Abraham außergewöhnlich erscheinen lässt. Wir müssen uns keine Sorgen darüber machen, dass wir in diesem Fall gegen die biblische Moral verstoßen, da die Verurteilung von Menschenopfern durch die Bibel keine Moral ist, die das Kind braucht. Ein Hinweis auf Tieropfer wird daher ausreichen, um den Befehl, Isaak zu opfern, verständlich zu machen. Das gesamte Gespräch in dieser Geschichte sollte in der Sprache der Bibel zitiert werden, wobei Isaaks erbärmliche Frage nicht ausgelassen werden sollte: „Siehe, das Feuer und das Holz; aber wo ist das Lamm zum Brandopfer?" Und Abrahams ausweichende Antwort: „Gott wird sich das Lamm zum Brandopfer geben, mein Sohn." Wenn Sie erzählen, wie Isaak an den Altar gefesselt wurde, betonen Sie die Tatsache, dass er nicht rebellierte, obwohl er jetzt wusste, dass er das Opfer sein sollte, weil er Gott und seinem Vater gehorchte und auf sie vertraute. Wenn Sie erzählen, wie der Widder mit seinen Hörnern im Gebüsch gefangen gefunden wurde, fragen Sie: „Wie viele von Ihnen haben jemals das Horn eines Widders gesehen?" Es wird wahrscheinlich keine Antwort geben. Zeigen Sie der Klasse dann einen *Schofar* oder ein Bild davon und fragen Sie: „Was ist das?" Die Antwort wird „ein *Schofar* " sein. Dann fahre fort; „Nun, ein *Schofar* ist das Horn eines Widders. Wenn wir das *Schofar* an Rosch ha-Schana hören, sollte es uns an diesen Widder erinnern und daran, wie Abraham bereit war, Isaak zu opfern, und Isaak bereit war, sich opfern zu lassen, als Gott es befahl. und wir sollten darüber nachdenken, wie wir, die Söhne Abrahams und Isaaks, auch bereit sein müssen, Gott und unseren Eltern in allem zu gehorchen, auch wenn es sehr schwer sein sollte, selbst wenn es uns das Leben kosten sollte. Um sicherzustellen, dass das Kind die Beweggründe der Geschichte verstanden hat, können bei der Wiederholung die folgenden Fragen gestellt werden: 1. Wollte Gott wirklich, dass er seinen Sohn tötete, als er Abraham aufforderte, Isaak zu opfern? 2.

Warum bat Gott Abraham, Isaak zu opfern? 3. Als Abraham Isaak an den Altar band, rebellierte Isaak gegen seinen Vater? Woran sollten wir denken, wenn wir an Rosch ha-Schana das *Schofar blasen hören?*

# KAPITEL XIII

## TOD VON SARAH UND DIE EHE VON ISAAC UND REBEKAH
### Genesis 23 und 24

**Deutung.** Der Vorfall des Kaufs der Höhle von Machpela muss im Zusammenhang mit dem Tod Sarahs nur beiläufig erwähnt werden, da die politischen Fragen im Dialog zwischen Bene *Heth* und Abraham für das Kind unverständlich sind. [5]

Die Sorgfalt, mit der Isaak eine Frau aus seiner eigenen Verwandtschaft und nicht aus den Töchtern Kanaans ausgewählt hat, unterstreicht erneut das Interesse der Vorsehung an der Auswahl des Stammes, aus dem das auserwählte Volk hervorgehen sollte. Abrahams Diener – vermutlich Elieser, der in Genesis 15,2 erwähnt wird – durfte Isaak nicht aus Kanaan mitnehmen, da dies einem Verlassen seiner historischen Mission, die mit dem Gelobten Land verbunden war, gleichgekommen wäre. Bedeutsam sind die Eigenschaften der idealen Ehefrau für Isaak, die im Gebet Eliesers vorgeschlagen werden: Freundlichkeit und Gastfreundschaft.

**Ziel.** Der Wert dieser Lektion für das Kind liegt, abgesehen von ihrer Verbindung mit dem allgemeineren Thema der Auswahl des Samens durch Gott, aus dem das auserwählte Volk hervorgehen soll, im Beispiel des Glaubens an Gott und der Treue zu seinem Vertrauen, das Abrahams Diener an den Tag legte und von der Freundlichkeit und Rücksichtnahme Rebekkas, die das Kind aufgrund seiner Sympathie für die Charaktere der Geschichte natürlich nachahmen würde.

**Vorschläge für den Lehrer.** Wenn Sie der biblischen Erzählung genau folgen, werden Sie kaum Schwierigkeiten haben, sie dem Kind zu vermitteln. Wenn Sie vom Tod Sarahs erzählen, denken Sie eine Weile über ihre Tugenden nach und erklären Sie dann Abrahams Anliegen, dass sein Sohn Isaak eine Frau bekommen sollte, die genau so war wie Sarah, eine, die würdig wäre, die Mutter der großen Nation zu sein, die Gott versprochen hatte würde von Isaak abstammen. Erzählen Sie dann, wie Abraham, als er bei seinen Nachbarn keine solche Frau fand, in das Land schickte, aus dem er und Sarah gekommen waren. Erklären Sie Abrahams Weigerung, Isaak nach Mesopotamien gehen zu lassen, weil Gott Abraham gesagt hatte, er solle diesen Ort verlassen, und versprochen hatte, dass er in Kanaan aus seinen Nachkommen eine große Nation machen würde. Betonen Sie die Länge und Schwierigkeit der Reise und zeigen Sie die Route auf der Karte an, wenn die Kinder alt genug sind, um eine Karte zu interpretieren.

# KAPITEL XIV

## DER VERKAUF DES GEBURTSRECHTS
### Genesis 25,1 bis 34

**Deutung.** (Kapitel 25. 1 bis 10 kann weggelassen werden, da es nichts enthält, was für Kinder von Interesse ist, außer dass Abrahams Tod und Begräbnis erwähnt werden sollten.)

Die Geschichte von Jakob und Esau in ihrem Kampf um das Erstgeburtsrecht und den Segen wird häufig missverstanden. Die Tendenz, die Vorfahren der Rasse zu idealisieren, hat viele Lehrer dazu veranlasst , zu versuchen, das Verhalten Jakobs in seinen Bemühungen, das Erstgeburtsrecht und den Segen zu sichern, zu rechtfertigen, wobei sie völlig die Tatsache ignorierten, dass all die elenden Konsequenzen, die sich ganz natürlich aus seinem Versuch ergaben, dies zu tun scheinen weisen darauf hin, dass Gott dies nicht gebilligt hat. Was diese Konsequenzen waren, wird in den folgenden Kapiteln besprochen. Andere Lehrer sündigen in die entgegengesetzte Richtung und stellen Esau als unschuldiges Opfer von Jakobs List und Gier dar. Wie können sie dies mit der Wahl Jakobs zum Patriarchen anstelle von Esau in Einklang bringen? Wie können sie sich vorstellen, dass Gottes Wille die Tat Jakobs bestätigen und die Hand der Vorsehung sozusagen gezwungen werden könnte, Jakob zu segnen, obwohl Esau der Patriarch war? segenswürdiger ist, ist schwer zu verstehen. Der gemeinsame Fehler beider Versionen der biblischen Bedeutung der Geschichte besteht darin, dass sie sie hauptsächlich als eine Charakterstudie zweier gegensätzlicher Typen betrachten, während die Moral der Geschichte weniger in den Charakteren als vielmehr in den Ereignissen liegt, die Wenn man genauer hinschaut, wird deutlich, dass das der ganzen Geschichte zugrunde liegende Motiv nicht der persönliche Streit zwischen Jakob und Esau ist, sondern die Umsetzung von Gottes Plan, der in seiner Verheißung an Abraham enthalten ist, der Plan, das Volk ins Leben zu rufen, dem Er war, sich selbst zu offenbaren. Und dieser Gedanke kommt zum Ausdruck, wie in der Geschichte von Abrahams Beziehung zu Ismael und Isaak, indem man die Absichten der menschlichen Agenten mit Gottes Absichten vergleicht und zeigt, wie Gottes Absicht dadurch zum Sieg gebracht wird, dass er die Ereignisse in Jakobs Leben so prägt, dass sie Korrigieren Sie Jacobs ursprüngliche falsche Vorstellung von seiner Mission.

Sehen wir uns an, wie die Ereignisse in diesem Kapitel Licht auf unser Thema werfen. Beachten Sie zunächst die Prophezeiung in Genesis 25,23, die im Voraus darauf hinweist, dass Jakob und nicht Esau von Anfang an der Erbe des Segens Abrahams sein sollte. Beachten Sie auch, dass in der

Prophezeiung von „zwei Nationen" und „zwei Völkern" die Rede ist, was deutlich zeigt, dass die Ereignisse der Erzählung von Gott im Hinblick auf die spätere Geschichte und nicht nur auf das Leben von Jakob und Esau als Individuen gestaltet wurden. Allein die Tatsache, dass „der Älteste dem Jüngeren dienen soll", soll die göttliche Erwählung Jakobs hervorheben, denn nach dem damaligen Gesetz und Brauch hatte der Ältere Anspruch auf den Gehorsam und Dienst des Jüngeren. Wäre Jakob der ältere der beiden Brüder gewesen, wäre seine spätere Vorrangstellung und die seiner Nachkommen nur ein Teil des natürlichen Laufs der Ereignisse gewesen und hätte keine göttliche Erwählung begründet, doch bei Esau, dem Erstgeborenen, spricht die spätere Erhebung Jakobs dafür .

Dies und vieles andere in der Geschichte wird uns klarer, wenn wir verstehen, was mit dem Erstgeburtsrecht gemeint war. In patriarchalischen Zeiten war der Vater der absolute Herrscher über seine Nachkommen. Bei seinem Tod trat der älteste Sohn an seine Stelle und erbte wie auch in späteren Zeiten einen doppelt so großen Teil des Nachlasses wie alle seine anderen Söhne. (Siehe Deuteronomium 21,17.) Aber das ist nicht alles, was mit dem Erstgeburtsrecht zu tun hat. Wenn es alles gewesen wäre, wäre Jakobs Wunsch danach bloßer Geiz und Ehrgeiz gewesen und hätte die totale Verurteilung gerechtfertigt, die ihm so mancher Lehrer auferlegt hat. Aber wir müssen bedenken, dass der Erstgeborene auch das religiöse Oberhaupt des Stammes war. (Siehe Numeri 3.45.) Daher war es für Jakob ganz natürlich, anzunehmen, dass Gottes Versprechen an Abraham mit all seinen spirituellen Implikationen natürlich mit dem Erstgeburtsrecht einhergingen.

Lassen Sie uns nun die Charaktere untersuchen, wie sie in diesem Kapitel erscheinen. Esau ist nicht der vollendete Bösewicht, als der er in späteren jüdischen *Agadas* so häufig dargestellt wird . Aber andererseits ist er nicht der verletzte Held. Die Geschichte charakterisiert ihn als geschickten Jäger, der sich für sein Holzhandwerk interessiert und sich weder um die Privilegien noch um die Pflichten seines Geburtsrechts kümmert. Für Jakob war es jedoch wichtig, den Segen Abrahams zu erben, vielleicht sogar noch wichtiger, weil er die Prophezeiung kannte, die seiner Geburt vorausging. Esau hatte sein moralisches Recht auf den Segen verwirkt, weil er ihn nicht wertschätzte. Es darf nicht zu viel Wert auf Esaus Worte gelegt werden: „Siehe, ich bin im Begriff zu sterben, und welchen Nutzen soll mir das Erstgeburtsrecht bringen?" Da diese nicht als nüchterne Tatsachenfeststellung, sondern als Übertreibung eines hungrigen Mannes zu betrachten sind, gibt sich die Bibel Mühe, Esaus Haltung mit den Worten zu erklären: „Und er aß und trank und stand auf und ging seines Weges." So verachtete Esau *sein Erstgeburtsrecht* ", was zeigte, dass er zu diesem Zeitpunkt vollkommen zufrieden mit dem Handel war, den er gemacht hatte. Dadurch wird Jakob das Stigma genommen, dass er Esau den Handel aufgezwungen hat, als dieser nicht anders konnte. Er nutzte lediglich Esaus Missachtung des Erstgeburtsrechts aus, was ein ausreichender Beweis dafür war, dass er es nicht wert war, es zu besitzen. Gleichzeitig scheint Jakobs Einsatz dieser Mittel zur Sicherung des Erstgeburtsrechts, wie in späteren Kapiteln noch deutlicher hervortreten wird, nicht die göttliche Zustimmung zu finden, weil (1) dieser Versuch, Esau das Erstgeburtsrecht zu entreißen, indem er Esaus Schwäche ausnutzt an sich spricht für einen Mangel an vollständigem Vertrauen in die Verwirklichung der Verheißung Gottes, mit anderen Worten, für einen Mangel an dieser Qualität des *Temimut* , der naiven Akzeptanz des Willens Gottes, die ein so auffälliges Merkmal von Abrahams Charakter war, und (2) weil er versteht den spirituellen Charakter seiner Mission nicht vollständig, da er deren Verwirklichung vom rechtlichen Status des Erstgeburtsrechts abhängt, das er seiner Meinung nach durch Kauf sichern könnte.

**Ziel.** Das Ziel dieser Lektion besteht darin, die allgemeine Wahrheit zu lehren, dass ein Privileg, das nicht geschätzt wird, verfällt, und die besondere Wahrheit, dass ein Jude zu sein bedeutet, ein solches Privileg zu besitzen, das wir zu schätzen lernen müssen.

**Vorschläge für den Lehrer.** Bevor Sie mit der Erzählung dieses Kapitels selbst beginnen, bereiten Sie den Weg durch Fragen, die die Tatsache der Erwählung Abrahams und seiner Nachkommen sowie die Wahl, die Gott getroffen hat, indem er aus seinen Nachkommen nur diejenigen auswählte, die entsprechend qualifiziert sind, deutlich machen. Solche Fragen sind die folgenden; „Erinnern Sie sich, als wir von Abraham erfuhren und davon, wie Gott ihm sagte, er solle sein Land verlassen und in das Land gehen, das er ihm zeigen würde, dass Gott Abraham ein Versprechen gab? Was war dieses Versprechen? (Anmerkung: Die Antwort muss Dazu gehört die Idee, dass seine Nachkommen eine große Nation sein würden, ein Segen für die ganze Welt, und dass sie Kanaan erben würden.) Als unser Vater Abraham starb, ging dieser Segen an seine beiden Kinder, an Ismael und an Isaak? An wen ging der Segen? Segen gehören?"

Nachdem Sie den Weg so vorbereitet haben, gehen Sie wie folgt vor:

„Nun hatten Isaak und Rebekka auch zwei Kinder. Der Erstgeborene oder Ältere hieß Esau und der Jüngere Jakob, und es war bekannt, dass nur einer von beiden den Segen erben sollte, aber lange Zeit war nicht bekannt, welcher ."

Dann stellen Sie die beiden Charaktere gegenüber und betonen dabei die körperliche Leistungsfähigkeit Esaus, die ihm die allgemeinere Bewunderung und die Vorliebe seines Vaters einbrachte, mit der ruhigen Nachdenklichkeit Jakobs. Um das Kind zu beeindrucken, muss der Kontrast vor allem in der körperlichen Erscheinung gegeben sein. Wir führen die Erzählung so fort, wie ein Lehrer sie im Unterricht erzählen würde:

„Diese beiden Söhne, Esau und Jacob, waren sehr unterschiedlich. Esau war ein großer, starker Mann mit rauem und behaartem Aussehen, der sich an allen Arten von Sport und Bewegung erfreute, besonders an der Jagd. Die Leute bewunderten ihn für seine Großartigkeit Stärke und Geschicklichkeit, und die meisten von ihnen dachten, dass dieser große, starke Mann sicherlich derjenige war, den Gott zum Vater seines Volkes erwählt hatte. Und Isaak selbst liebte Esau mehr als Jakob, denn jetzt, da Isaak alt wurde, Esau jagte für ihn im Wald nach Nahrung und erzählte ihm wundervolle Geschichten über seine Stärke und sein Können beim Fangen von Hirschen und anderem Wild, das er für ihn als Nahrung zubereitete. Aber Jakob war ganz anders. Er war nicht über dem Durchschnitt Kraft und er hatte keine besonderen Fähigkeiten im Jagen wie Esau. Er war ein ruhiger Mann, der stundenlang in seinem Zelt saß, während seine Herden in der Nähe weideten, und über die Dinge nachdachte, die er von seinem Vater und seiner Mutter gelernt hatte sein Großvater Abraham, darüber, wie Gott die Welt erschaffen hatte und wie er Abraham gesagt hatte, er solle sein Land verlassen und in ein neues Land gehen, und vor allem über das Versprechen, das Gott Abraham gegeben hatte, um aus seinen Nachkommen einen zu machen tolle Leute. Welchen dieser beiden Söhne von Isaak und Rebekka hatte Gott als Vater des jüdischen Volkes ausgewählt? Zweifellos dachten die meisten Menschen damals, dass Esau gemeint war, weil er der Stärkere und erfolgreicher bei der Jagd war, aber es gab eine Person, die anders dachte, und das war die Mutter dieser beiden jungen Männer, Rebekka. Denn sie erinnerte sich an eine Prophezeiung, die Gott ihr gesagt hatte, bevor eines der beiden Kinder geboren wurde, und diese Prophezeiung lautete: „Zwei Nationen werden aus dir hervorgehen und zwei Völker werden aus dir geboren werden und eines wird stärker sein als das andere, aber das.“ „Der Älteste wird dem Jüngeren dienen.“

Die Prophezeiung wird hier und nicht am Anfang der Geschichte vorgestellt, weil es gut ist, die Neugier des Kindes zu wecken, wer von beiden den Segen Abrahams erhalten soll, bevor man ihm einen Hinweis auf die Antwort gibt. Dadurch, dass mit der Formulierung der Frage begonnen wird, wird die Aufmerksamkeit des Kindes sofort auf das zentrale Thema der Erzählung gelenkt, ohne das der Vorfall des Verkaufs des Erstgeburtsrechts nicht verständlich ist. Aber jetzt wird man mit dem Thema des Erstgeburtsrechts selbst konfrontiert. Erklären Sie, dass es neben Esaus Stärke und Können noch einen weiteren Grund gab, warum die Menschen dachten, Esau sei der auserwählte Sohn, und zwar, weil er der Ältere war, denn es war damals Brauch, dass der älteste Sohn das Bekannte genoss als Geburtsrecht. Die Idee des Erstgeburtsrechts kann dadurch erklärt werden, dass in den Tagen, von denen wir sprechen, der Vater der König über alle seine Kinder und ihre Familien und Diener war, dass er sie im Krieg führte und alle ihre Streitigkeiten richtete Zeit des Friedens, und dass er auch ihr Priester war, der für sie die Opfer darbrachte und sie in ihren Gebeten und Hymnen an Gott leitete, aber dass, als der Vater starb, der älteste Sohn alle diese Rechte und dieses Recht auf bekam Der älteste Sohn, der nach dem Tod des Vaters Priester und König wird, wird als Erstgeburtsrecht bezeichnet.

Nachdem das Kind eine klare Vorstellung von der Bedeutung des Erstgeburtsrechts hat, erzählen Sie, wie Jakob dachte, dass derjenige, der das Erstgeburtsrecht hatte, derjenige war, den Gott zum Oberhaupt der großen Nation machen wollte, von der er Abraham erzählt hatte, denn wer auch immer das Erstgeburtsrecht hatte, würde es tun werde nach Isaaks Tod König und Priester über alle anderen sein. Ich führe die Erzählung so fort, wie der Lehrer sie erzählen würde:

„ Also dachte Jakob immer wieder bei sich: ‚Wenn ich nur das Erstgeburtsrecht hätte! Wenn ich nur das Erstgeburtsrecht hätte!‘ aber Esau, der das Erstgeburtsrecht hatte, schien sich sehr wenig darum zu scheren. Solange es genug Wild im Wald gab, um ihn mit der Jagd zu beschäftigen, machte er sich kaum Gedanken darüber, was er tun würde, wenn er nach Isaacs Tod sterben würde Er musste das Volk regieren und in den Dienst Gottes führen, und das Abraham gegebene Versprechen, dass seine Nachkommen eines Tages eine große Nation werden würden, beunruhigte ihn noch weniger, denn er dachte nur an die Angelegenheiten des Tages und der Zukunft er hat überhaupt nicht darüber nachgedacht.


Dies bringt uns zum Höhepunkt der Erzählung, dem tatsächlichen Verkauf des Erstgeburtsrechts. Es muss so erzählt werden, dass das Kind versteht, dass Esau sein Erstgeburtsrecht verloren hat, weil er es nicht wertzuschätzen wusste, und dass als universeller Vorschlag ein nicht geschätztes Privileg verloren geht. Dies gelingt am besten, wenn man, bevor man die Geschichte des Verkaufs des Erstgeburtsrechts erzählt, einen hypothetischen Fall etwa wie folgt darstellt:

„Angenommen, Kinder, ein Mann besäße ein sehr wertvolles Buch, das er einem seiner beiden Kinder hinterlassen wollte, als er starb, und angenommen, eines seiner Kinder war ein großer Bücherliebhaber und das andere achtete nicht einmal darauf an einem Buch oder um sich die Mühe zu machen, lesen zu lernen, welches der beiden Kinder hätte Ihrer Meinung nach das Buch nach dem Tod des Vaters haben sollen? Natürlich derjenige, der den Wert des Buches kannte und es zu schätzen wusste, Denn wir verdienen nur das, was wir wertzuschätzen wissen. Nun, wer hätte Ihrer

Meinung nach das Erstgeburtsrecht haben sollen: Esau, dem es egal war, der Vater des großen Volkes zu sein, das Gott aus Abrahams Nachkommen zu machen versprochen hatte, oder Jakob, dem es egal war ? (Antwort: Jakob.) Nun, Jakob dachte das auch und so begann er zu planen, wie er Esau dazu bringen könnte, ihm das Erstgeburtsrecht zu überlassen."

Wenn Sie den Dialog zwischen Esau und Jakob zitieren, paraphrasieren Sie Esaus Worte in Vers 32, um deutlich zu machen, dass sie ein Ausdruck der Missachtung des Erstgeburtsrechts sind: „Ich bin so hungrig, dass ich sterben könnte. Was kümmert mich das Erstgeburtsrecht!" "

Nachdem Sie die Geschichte erzählt haben, fragen Sie die Kinder, ob sie die Leitgedanken verstehen. Folgende Fragen sind anregend:

Welches Versprechen gab Gott Abraham und Isaak?

War dieses Versprechen für beide Kinder Isaaks gedacht?

Welches von Isaaks Kindern wollte Gott Ihrer Meinung nach den versprochenen Segen haben? Warum? (Hinweis: Wenn das Kind eine falsche Antwort gibt, muss der Lehrer eine Reihe von Leitfragen stellen, bis die richtige Antwort gefunden ist.)

Was bedeutet Erstgeburtsrecht? Wer hatte zu Beginn unserer Geschichte das Erstgeburtsrecht? Legte Esau viel Wert auf das Erstgeburtsrecht? Wollte Jacob es? Warum wollte Jacob es? Was hat Jakob getan, um das Erstgeburtsrecht zu erlangen?

Diese Lektion lässt sich leicht von den Kindern dramatisieren. (Siehe Einleitung, Seite 31.)

# Kapitel XV

## JAKOB SICHERT DEN SEGEN
### Genesis 26,1 bis 28,9

**Deutung.** Im ersten Teil dieser Lektion, der sich mit dem Leben Isaaks befasst, ist Genesis 26,3 von Bedeutung, da er die Idee von Palästina als einem auserwählten Land hervorhebt, eine Idee, die umso bedeutsamer ist, als sie darauf hindeutet, dass Jakobs Flucht aus dem Land dies implizierte irgendwie die Gunst Gottes verspielt habe und dass seine Flucht in Wirklichkeit eine Art Exil gewesen sei, das ihm als Strafe und Disziplin auferlegt worden sei. Die Verse 7 bis 12 müssen unbedingt weggelassen werden. Ihre allgemeine Bedeutung ist dieselbe wie die von Genesis 20. Isaaks Geduld und Nachsicht in Bezug auf die Brunnen legen einen Vergleich mit Abraham in seinen Beziehungen zu Lot nahe.

Im Hinblick auf den Vorfall, als Jakob den Segen erlangte, haben wir bereits im letzten Kapitel die Bedeutung des Hauptthemas dieser Geschichte erörtert. Allerdings fließen hier einige neue Elemente ein. Eine davon ist die Blindheit Isaaks, die ihn, indem sie ihn stärker von Esau abhängig macht, davon abhält, Jakobs überlegene Qualifikationen zu erkennen, der Erbe des Segens Abrahams zu werden. Ein weiteres neues Element, das in die Geschichte einfließt, ist Esaus Heirat mit den beiden hethitischen Frauen, „die für Isaak und Rebekka eine Bitterkeit im Geiste waren". Dies gibt Rebekka ein zusätzliches Motiv für ihr Vorgehen bei dem Versuch, Jakob das Erstgeburtsrecht zu sichern, da Rebekka andernfalls nach dem Tod Isaaks Esau und seinen Frauen unterworfen wäre. Es betont darüber hinaus die Tatsache, dass Esau nicht der Vater des auserwählten Samens sein sollte, da bei allen Patriarchen darauf geachtet wird, dass ihre Frauen ebenfalls auserwähltem Samen sein sollten, aus demselben Stamm, der ihn hervorgebracht hat Patriarchen selbst. Genesis 27,33 ist bedeutsam, insbesondere die Worte „ja, und er wird gesegnet werden", da sie Isaaks Erkenntnis implizieren, dass der Segen, obwohl Jakob durch eine Täuschung gesichert wurde, immer noch ein Hinweis auf Gottes Absicht war und dass er dies bisher getan hatte Ich habe mich geirrt, als ich Esau den Segen erteilen wollte. Derselbe Gedanke ist impliziert, als er Rebekkas Vorschlag zustimmte, Jakob solle eine Frau aus ihrer Verwandtschaft suchen, und indem er bei dieser Gelegenheit den Segen wiederholte: „Möge er dir den Segen Abrahams geben" usw. Wie wir bereits erklärt haben, ist dies der Fall Das bedeutet nicht, dass die Bibel die von Rebekka und Jakob praktizierte Täuschung gutheißt. Ganz im Gegenteil. Die einzige unmittelbare Auswirkung ist, dass Rebekka Jakob verlieren muss; dass Jakob, anstatt sofort in den Besitz des Landes und des Erstgeburtsrechts zu gelangen, ein

Flüchtling und Verbannter ist; dass, wie wir in den folgenden Kapiteln sehen werden, Rebekkas Hoffnung auf eine baldige Rückkehr Jakobs sich nicht erfüllt; und dass, wie sich ebenfalls später zeigen wird, die große Gefahr besteht, dass Jakob in Aramäa bleibt und sein Schicksal völlig vergisst, bis die Vorsehung ihn zwingt, sich daran zu erinnern.

Die in dieser Erzählung beschriebenen Umstände, wie wir sie erklärt haben, sind aufgrund dessen, was sie uns im Hinblick auf die Mission Israels als auserwähltes Volk lehren müssen, von Bedeutung. Erstens geht es dabei um den Gedanken, auf den wir schon oft hingewiesen haben, dass Gottes Plan in Bezug auf sein Volk von ihm nicht vollständig verwirklicht wird. Dies wird in unserer Lektion durch die Tatsache gezeigt, dass die Patriarchen so dargestellt werden, als würden sie auf eine Art und Weise handeln, die dazu tendieren würde, Gottes Absicht mit ihnen zunichte zu machen, wie zum Beispiel als Isaak Esau beinahe den Segen gab und als Jakob durch die Mittel, die er durchführte, den Segen gab beschließt, sich den Segen zu sichern, ist gezwungen, aus dem Gelobten Land zu fliehen, das er erben sollte. Dies ist ein sehr wichtiges Korrektiv gegen die Arroganz, die der Glaube an die göttliche Erwählung wahrscheinlich mit sich bringt, denn es widerspricht der Annahme, dass das jüdische Volk unfehlbar ist. Darüber hinaus ist in dieser Geschichte die Idee impliziert, dass Israel, wenn es seine Mission nicht richtig begreift, durch die Disziplin der Not und des Leidens gelehrt werden muss, wie im Fall Jakobs, dass Erwählung nicht Immunität vor Strafe bedeutet, sondern im Gegenteil, eine strengere Rechenschaftspflicht, wie Amos es ausdrückt: „Du allein weißt von allen Familien der Erde; deshalb werde ich alle deine Sünden über dich heimsuchen." (Amos 3,2.)

**Ziel.** Von dem Kind wird nicht erwartet, dass es alle Implikationen dieser Erzählung begreift, aber sie werden ihm auch nicht alle entgehen, und zwar wenn die Geschichte gut erzählt wird, ohne übermäßige Idealisierung der Charaktere oder Verzerrung der Erzählung, um eine Moral zu lesen Wenn er sich darauf einlässt, wird die Geschichte einen ausreichenden Eindruck bei ihm hinterlassen, um zusätzliche Bedeutung zu gewinnen, wenn er in späteren Jahren darauf zurückgreift. Es ist ein Fehler zu glauben, dass eine Moral, die nicht formuliert wird, notwendigerweise auch nicht gelernt wird.

Zum unmittelbaren Nutzen des Kindes ist es jedoch gut, die Bestrafung von Jakobs Täuschung hervorzuheben, um das Ideal der Wahrhaftigkeit zu vermitteln. Es muss jedoch große Vorsicht walten lassen, um Jakob nicht so unsympathisch zu machen, dass Esau zum Helden der Geschichte wird, denn dies würde die biblische Moral verzerren und zu einem Missverständnis darüber führen, das der Schüler im späteren Leben wahrscheinlich nicht korrigieren wird. Es muss immer deutlich gemacht werden, dass Jakob das Recht hatte, den Segen zu wollen und zu erwarten, dass er aber darauf hätte vertrauen sollen, dass Gott ihn ihm geben würde, und nicht versuchen sollte, ihn durch Täuschung zu erlangen.

**Vorschläge für den Lehrer.** Da die Moral dieser Geschichte vom Verständnis der Motive abhängt, aus denen die Charaktere handeln, achten Sie besonders darauf, die dramatische Nachahmung der Charaktere so realistisch wie möglich zu gestalten und den Verlauf der Handlung nicht durch langwieriges Moralisieren zu verzögern. Diese Geschichte eignet sich wie die vorangegangene Geschichte über den Verkauf des Erstgeburtsrechts sehr gut für die Dramatisierung durch die Klasse, und der Erfolg der Kinder bei der Übernahme der Rollen der verschiedenen Charaktere wird ein hervorragender Test für Ihren Erfolg bei der Vermittlung der Geschichte sein .

Obwohl man es vermeiden sollte, Moralisierungen auf eine Art und Weise zu unterbrechen, die den Erzählfaden unterbrechen würden, bietet die Komplexität der Motive der Charaktere eine gute Gelegenheit, solche Fragen zu stellen, die die Ausübung eines moralischen Urteils seitens der Klasse erfordern würden. Zum Beispiel: Hatte Jakob recht, als er versuchte, den Segen seines Vaters zu erlangen, indem er seine Blindheit ausnutzte? Wurde Jakob dafür bestraft, dass er seinen Vater betrogen hatte? Wie? usw. Auch wenn der Lehrer diese Fragen stellen kann, dürfen sie nicht offen bleiben. Die biblische Moral muss klar im Kopf behalten und überzeugend dargelegt werden; andernfalls entfalten solche Fragen lediglich eine kasuistische Haltung der Klasse, was moralisch schlecht ist.

# Kapitel XVI

## JAKOBS TRAUM
### Genesis 28.10-22

**Deutung.** Um die Geschichte von Jakobs Traum klar zu verstehen, sollte man sie im Zusammenhang mit dem Rest von Jakobs Leben betrachten. Sein Leben lässt sich in drei Abschnitte einteilen. Während der ersten Zeit, die er im Haus seines Vaters verbrachte, bemühte er sich aus eigener Kraft, zum Teil mit skrupellosen Mitteln, das Erstgeburtsrecht und den Segen zu sichern, mit dem Ergebnis, dass er, anstatt den Vorrang vor Esau zu haben, vor ihm fliehen musste, anstatt zu erben Er wird aus dem Gelobten Land verbannt, und anstatt der Vater eines großen Volkes zu werden, wird er zum Untertanen des Stammes, den sein Großvater Abraham zu verlassen befohlen hatte.

Der zweite Abschnitt von Jakobs Leben umfasst seinen Wohnsitz in Aramäa . In dieser Zeit geraten seine frühen Ambitionen immer weiter in die Ferne und werden unwirklicher. Erst die Liebe, dann die Erziehung seiner Familie und die harte Arbeit im Dienste Labans lenken ihn von seinen früheren Ambitionen ab, und in Bezug auf diese Zeit wird uns gesagt: „Ein wandernder Aramäer war mein Vater." (Deuteronomium 26,5.) Doch gerade als es so aussah, als sei die Hoffnung auf seine Zukunft, die er zunächst vergeblich zu verwirklichen versucht und dann fast aufgegeben hatte, völlig verloren, greift Gott ein und schickt ihn erneut in sein Land .

In der dritten Phase seines Lebens befindet er sich unbestritten im Besitz des Landes, und die Prophezeiung seiner Jugend erfüllt sich, allerdings auf ganz andere Weise als seine jugendlichen Erwartungen an deren Erfüllung.

Nun ist Jakobs Traum in Beth El bedeutsam, weil er am Anfang der zweiten Periode seines Lebens steht, in der er seine Mission zunehmend vergisst. Es soll den Leser darüber informieren, dass Jakob es vielleicht vergisst, Gott es jedoch nicht tun wird, und dass Gott sie ihm selbst dann sichern konnte, wenn Jakobs törichten Tricks ihm das Erstgeburtsrecht und den Segen nicht sichern konnten, selbst wenn er daran verzweifelte.

**Ziel.** Das Ziel dieser Geschichte sollte darin bestehen, dem Kind ein Gefühl für die wachsame Vorsehung Gottes gegenüber unseren Vorfahren und uns zu vermitteln und ihm den Wunsch zu vermitteln, seine Wertschätzung für diese göttliche Vormundschaft im Gottesdienst zum Ausdruck zu bringen. Diese Geschichte bietet eine hervorragende Gelegenheit, Kinder dazu zu ermuntern, beim Zubettgehen und beim

Aufstehen ein Gebet zu sprechen, und bietet so eine Gelegenheit für das Kind, die Lektion in seinem täglichen Leben anzuwenden.

**Vorschläge für den Lehrer.** Vergleichen Sie zunächst das angenehme Gefühl des Kindes, wenn es in seinem eigenen Zimmer, in seinem eigenen Bett, zu Bett geht, während seine Mutter die Decke über es und die ganze Familie in der Nähe zieht, mit dem Gefühl, das es empfinden würde, wenn die Nacht ihn einholen würde eine einsame Wildnis, in der sich niemand außer vielleicht wilden Tieren befand, und er musste sich mit einem Stein als Kissen auf den Boden legen. Geben Sie nach dieser Beschreibung den Sinn der Geschichte an, die Sie lehren möchten, wie folgt: „Und selbst wenn Sie allein in der Wildnis schlafen müssten, wären Sie nicht wirklich allein, denn Gott ist immer bei uns und sieht uns sogar." obwohl wir Ihn nicht sehen, und er kümmert sich um uns, wie die Geschichte, die ich Ihnen erzählen werde, zeigen wird.

Fahren Sie dann mit der Geschichte Jakobs fort und betonen Sie seine verzweifelte Stimmung, als er Beer Sheba verlässt, seine Angst vor Esau, seine Trauer über den Abschied von seinen Eltern und seinem Zuhause, seine Enttäuschung darüber, dass er das Land verlassen musste, das Gott Abraham und Isaak versprochen hatte, und das das Gefühl, es doch nicht geschafft zu haben, das Erstgeburtsrecht zu sichern, zusammen mit den physischen Gefahren und Schrecken der Wildnis. Erzählen Sie dann, wie Jakob sich in der Wüste zum Schlafen hinlegte und wie Gott, der ihn die ganze Zeit beobachtet hatte und Mitleid mit ihm hatte, ihm einen schönen Traum schickte, um ihn zu trösten. Gottes Versprechen in den Versen 13, 14, 15 sollte in biblischer Sprache zitiert werden, ebenso wie Jakobs Ausruf: „Wahrlich, der Herr ist an diesem Ort; und ich wusste es nicht ... dies ist nichts anderes als das Haus Gottes, und das." ist das Tor des Himmels". Jakobs Verhalten bei der Bereitstellung des Ortes für den Gottesdienst und sein Gelübde sollten ebenfalls Beachtung finden. Den Kindern sollte die Bedeutung des Namens Beth El vermittelt und auf der Karte auf die Lage hingewiesen werden.

Wenn die Geschichte von der Klasse erzählt und wiederholt wurde, fragen Sie: „Wie viele von Ihnen denken beim Zubettgehen oder beim Aufstehen daran, wie Gott im Schlaf über Sie wacht und dafür sorgt." Sollte dir nichts Schlimmes passieren? Sprichst du zu Gott, wenn du zu Bett gehst oder wenn du aufstehst, um zu zeigen, dass du weißt, dass er sich um dich kümmert, und ihm dafür zu danken? Was sagst du, wenn du zu Bett gehst? Wenn du aufstehst?" Hierzu sollten mehrere Kinder befragt werden, da jedes Kind, das seine Gebete spricht, gehört werden möchte und ermutigt werden sollte. Die Kinder könnten gebeten werden, den Vers שׁוֹמֵר auf Hebräisch und Englisch auswendig zu lernen הִנֵּה לֹא יָנוּם וְלֹא יִישַׁן Ja רָאֵל „Siehe, der

Hüter Israels schlummert und schläft nicht" und werden gebeten, dies zu einem Teil ihres Nachtgebetes zu machen.

---

# Kapitel XVII

## JAKOB IN ARAMEA
### Genesis 29,1 bis 31,54

**Deutung.** Die allgemeine Bedeutung dieser Zeit im Leben Jakobs wurde bereits besprochen. Beachten Sie, dass der Vorschlag eines neuen Vertrags mit Laban ihn befriedigt, als er nach Ablauf seiner Dienstzeit für Lea und Rahel daran denkt, in seine Heimat zurückzukehren, und dass er bleibt, so fern liegt der Gedanke an das Erstgeburtsrecht für ihn. Und doch erlangt er durch beharrliche, beharrliche Arbeit ein gewisses Maß an Macht und Einfluss sowie patriarchale Würde. Es ist interessant, die poetische Gerechtigkeit zu bemerken, die ihn in dieser Zeit seines Lebens zum Opfer genau der Art von Betrug macht, die er selbst praktiziert hat . Doch trotz der Täuschung, die Laban gegen ihn begangen hat , bleibt Jakob seiner Vertragspflicht gewissenhaft treu und verbüßt die zusätzlichen sieben Jahre für Rahel, auch wenn er vielleicht versucht gewesen wäre, sich davor zu drücken, da er im Voraus bezahlt worden war. (Siehe Genesis 29,27 bis 30.) Zwar hat er keine Skrupel, seine überlegene Beherrschung der Hirtenkunst im Umgang mit Laban voll auszunutzen, aber er hatte nach der Behandlung, die er erfahren hatte, sicherlich keine Verpflichtungen ihm gegenüber ihn. Beim Unterrichten dieser Lektion für Kinder wird natürlich auf Genesis 29,31 bis 30,24 verzichtet, außer dass den Schülern die Namen der Kinder Jakobs beigebracht werden sollten, weil sie eine Bedeutung als Stammesoberhäupter hatten. Der Vorfall des Diebstahls der *Teraphim* kann auch deshalb weggelassen werden, weil das Fehlen positiver Erkenntnisse darüber, was die *Teraphim* waren und welche Rolle sie im religiösen Leben unserer Vorfahren spielten, uns daran hindert, dieser Episode gerecht zu werden.

**Ziel.** Diese Lektion ist zusammen mit den vorangehenden und folgenden Lektionen gut geeignet, dem Kind den überlegenen Vorteil ehrlicher, treuer Arbeit gegenüber List und Täuschung vor Augen zu führen. Dies wurde bereits in den vorangegangenen Lektionen negativ gelehrt, da Jakob es nicht schaffte, seine Ziele durch Täuschung zu erreichen. Es wird in dieser Lektion sowohl negativ als auch positiv gelehrt; Negativ dadurch, dass Jakob zu spüren bekommt, was es bedeutet, getäuscht zu werden, und positiv dadurch, dass Jakob, trotz der an ihm begangenen Täuschung, weiterhin treue Dienste leistet, schließlich die Gelegenheit erhält, zurückzukehren und das Erstgeburtsrecht einzufordern. Die Idee der Wahrhaftigkeit wird durch Gottes Beispiel bei der Einlösung seines Versprechens an Jakob in Beth El weiter gestärkt.

**Vorschläge für den Lehrer.** Bevor Sie mit dieser Lektion beginnen, gehen Sie kurz auf das Vorstehende ein und betonen Sie die Veränderung in Jakobs Einstellung seit seinem Traum in Beth El, insbesondere seinen Entschluss, nicht zu versuchen, das Erstgeburtsrecht durch seine eigene List zu sichern, sondern sich auf Gottes Versprechen zu verlassen und zu versuchen, in der Welt gerecht zu leben Gegenwart, im Vertrauen auf Gott hinsichtlich der Zukunft. Der Vorfall, dass Jakob den Stein aus dem Brunnen hob, um Rachel beim Tränken der Herde zu helfen, sollte gebührend hervorgehoben werden, da Kinder in diesem Alter an Kraftakten interessiert sind. Der romantische Aspekt von Jakobs Liebe zu Rachel muss nicht betont werden, da dieser für das Kind verloren geht. Wenn Sie von Jakobs Dienst als Hirte für Laban erzählen, versuchen Sie, dem Kind eine Vorstellung davon zu vermitteln, was die Arbeit eines Hirten eigentlich ist, wie er dadurch allen Witterungseinflüssen ausgesetzt ist, wie er seine Schafe vor wilden Tieren schützen muss, wie er es tun muss Wasser für sie schöpfen, sie scheren usw., damit Jakobs Dienst an Laban all diese Jahre für sie eine Bedeutung haben wird. Da Kinder sehr unterschiedliche Vorstellungen von der Zeitspanne haben, versuchen Sie, eine Vorstellung davon zu vermitteln, wie lang sieben Jahre sind, indem Sie eines der Kinder fragen, wie alt es ist, und dann erklären, dass sieben Jahre wahrscheinlich länger sind als die gesamte Zeit, die es hat kann mich erinnern. Erklären Sie auch, warum Jacob die Zeit kürzer vorkam, weil er glücklich war, mit Rachel zusammen zu sein, und beziehen Sie sich dabei auf die eigene Erfahrung des Kindes, wie schnell die Zeit vergeht, wenn es Spaß am Spielen hat. Um Jakobs Beharrlichkeit hervorzuheben , erzählen Sie von Labans Täuschung und fragen Sie dann: „Wenn Sie nun sieben lange Jahre lang hart für eine Sache gearbeitet hätten und dann um die Sache betrogen würden, wie würden Sie sich dabei fühlen?" Dann betonen Sie die Moral etwas wie folgt:

„Auch Jakob war sehr wütend und hatte keine Lust, noch sieben weitere Jahre für das zu arbeiten, was ihm damals zu Recht hätte gegeben werden sollen. Aber zweifellos kam ihm der Gedanke: War ich schließlich besser als Laban? Habe ich nicht getäuscht? Mein Vater Isaac hat mich dazu gebracht, mir den Segen zu geben, als er ihn Esau geben wollte, genau wie Laban mich betrogen hat? Vielleicht ist das Gottes Art, mich zu bestrafen. Ich muss geduldig sein und weitere sieben Jahre arbeiten, wie ich es Laban versprochen habe, obwohl es so ist wird hart und unangenehm sein, und dann lässt mich Gott vielleicht nach Hause gehen und segnen mich, wie Er es versprochen hat."

---

# Kapitel XVIII

## JAKOB KEHRT NACH KANAAN ZURÜCK
### Genesis 32 bis 35

**Deutung.** Beachten Sie den deutlichen Kontrast zwischen Jakobs Weggang aus Kanaan und seiner Rückkehr. Als er ging, war er nominell und in seiner eigenen Wertschätzung der Besitzer des Erstgeburtsrechts und des Segens, die er sich durch eigene Bemühungen gesichert hatte und von denen er glaubte, dass sie ihn zum Besitz Kanaans und zur Vorrangstellung über Esau berechtigten. In Wirklichkeit hatte er jedoch nichts gewonnen und war ein Flüchtling vor Esau und ein Verbannter aus dem Land. Bei seiner Rückkehr stellt er keinerlei Forderungen, erkennt Esau als Souverän an, ist bereit, ihm Tribut zu zollen und ihn mit Geschenken zu besänftigen, und betet zu Gott nur um Befreiung von der Rache Esaus. Und doch finden wir ihn am Ende dieser Episode aufgrund seines Sieges über Sichem und der Abreise Esaus nach Seir tatsächlich im Besitz des Gelobten Landes und als anerkannten Herrscher eines mittlerweile wichtigen Clans.

Bevor er jedoch sein ruhmreicheres Schicksal antritt, muss er auf die Probe gestellt und dafür gesühnt werden, dass er seine Mission auf der Flucht aus dem Land aufgegeben hat, als Folge seiner Bemühungen, Esau das Erstgeburtsrecht und den Segen zu entreißen. Diese Prüfung wird durch seinen Kampf mit dem Engel an der Grenze des Gelobten Landes deutlich, einem Kampf, dem er nicht unbeschadet entkommt. Es ist schwer zu sagen, was der biblische Autor mit diesem Kampf Jakobs mit dem Engel ausdrücken wollte. Es wird manchmal von Lehrern und Predigern als allegorische Darstellung eines rein subjektiven Kampfes in Jakobs Herzen interpretiert, aber eine solche Erklärung ist äußerst weit hergeholt. Die Episode legt einen Vergleich mit dem in Exodus 4, 24-26 aufgezeichneten Vorfall nahe und scheint anzudeuten, dass die Hingabe an eine hohe Aufgabe bedeutet, dass man sich einer Gefahr aussetzt, wenn man in irgendeiner Weise für die Aufgabe nicht ausreichend qualifiziert ist. Solange Moses nicht die Aufgabe übernommen hat, die Kinder Israels aus Ägypten zu führen, kann über sein Versäumnis, seine Kinder zu beschneiden, hinweggesehen werden, aber sobald er diese Aufgabe übernommen hat, wird ihm für sein Versäumnis, dies zu tun, mit dem Tode gedroht. Als Jakob im Begriff ist, das im Segen seines Vaters versprochene und in der Vision von Beth El bestätigte Land zu betreten, steht auch er einem von Gott beauftragten Gegner gegenüber. Sein Sieg über den Engel ist ein Symbol dafür, dass es ihm gelingt, sich schließlich für seine Mission zu qualifizieren, was in der Änderung seines Namens in Israel mit der Erklärung seiner Bedeutung zum Ausdruck kommt: „Denn du hast mit Gott und mit den Menschen gekämpft und hast gesiegt." Da hier kein Kampf mit „Männern" erwähnt wird, wird der Gedanke nahegelegt, dass dieser Sieg ein Omen für den zukünftigen Erfolg des auserwählten Volkes ist, während das Schrumpfen der Oberschenkelsehne Jakobs darauf hindeutet, dass dieser Erfolg nicht ohne sie zu gewinnen ist Leiden und Opfer, eine Interpretation, die häufig im Midrasch zu finden ist. Diese Darstellung der Erfahrung einer Nation in Bezug auf die eines Individuums, das der Gründer der Nation ist, entspricht viel mehr dem Geist der biblischen Literatur als die allegorische Darstellung abstrakter Wahrheiten in Bezug auf historische oder biografische Ereignisse. Beachten Sie in diesem Zusammenhang Hosea 12,3-5; „Der Herr hat auch einen Streit mit Juda und wird Jakob nach seinen Wegen strafen, nach seinen Taten wird er ihn vergelten. Im Mutterleib packte er seinen Bruder bei der Ferse, und mit seiner Kraft kämpfte er mit einem Gottgleichen." Er kämpfte mit einem Engel und siegte ; er weinte und flehte zu ihm: Er würde ihn in Beth-El finden und dort mit uns reden. Die Bedeutung dieser Verse ist unklar, aber es ist offensichtlich, dass der Prophet Jakobs Erfahrung typisch für die Erfahrung Israels als Volk macht.

**Ziel.** In dieser Lektion gibt es, wie in fast allen Lektionen, die sich mit den Patriarchen befassen, ein entferntes und ein unmittelbares Ziel. Das Fernziel ist der Eindruck, den die aufgezeichneten Ereignisse auf den Schüler machen werden, wenn sie ihm in späteren Jahren wieder ins Gedächtnis zurückgerufen werden. Die Moral der Geschichte in diesem Zusammenhang ist, dass die Wahl Israels nicht durch die inhärente Überlegenheit unseres Volkes bestimmt wird, sondern durch Gottes Absicht in Bezug auf sie und die Menschheit, die er dadurch erreicht, dass er ihre Geschichte so gestaltet, dass sie belehrt und diszipliniert Er hilft ihnen durch Kampf und Erfolg und offenbart seinen Willen in Bezug auf sie und ihren Platz in der Welt. Aber diese Moral ist für das Kind zu abstrakt und komplex und darf nur vom Lehrer im Gedächtnis behalten werden, damit er die Lektion nicht auf eine Art und Weise unterrichtet, die später den wahren Sinn der Geschichte verschleiern würde, wie zum Beispiel: Dies wäre der Fall, wenn er Jakob sein ganzes Leben lang zum idealen religiösen Helden machen würde. Die unmittelbare Lektion, die das Kind aus der Geschichte lernen kann, ist, dass demütiges Vertrauen auf Gott und Gehorsam gegenüber seinem Willen für uns erreichen können, was eine List, die keine Skrupel vor Täuschung hat, nicht erreichen kann.

**Vorschläge für den Lehrer.** Beginnen Sie diese Lektion, indem Sie die Klasse an das Versprechen erinnern, das Gott Jakob in Beth El gegeben hatte. Dann kündigen Sie an, dass Sie erzählen werden, wie Gott dieses Versprechen gehalten hat. Aber bevor Sie das tun, fragen Sie die Kinder weiter, warum Jakob aus Kanaan fliehen musste, wenn Gott wollte, dass er zurückkehrte und über das Land herrschte. Stellen Sie Fragen, bis Sie den

Punkt herausstellen, dass Jakob nicht die richtigen Mittel eingesetzt hat, um das Erstgeburtsrecht und den Segen zu erlangen. Veranschaulichen Sie anhand der eigenen Erfahrung des Kindes die Vorstellung, dass Jakob, weil er versucht hatte, sich das Erstgeburtsrecht und den Segen mit falschen Mitteln zu sichern, dieser vorenthalten werden musste, bis er schließlich die richtigen Mittel lernte, auf die er sich verlassen konnte, nämlich den Glauben an Gott. Dieser Gedanke könnte wie folgt veranschaulicht werden:

Angenommen, ein Lehrer versprach einem Kind eine Belohnung, wenn es einen Aufsatz über etwas schreiben würde, was die Klasse in der Unterrichtsstunde gelernt hatte, und dieses Kind kopierte seinen Aufsatz aus einem Buch in der Meinung, dass es auf diese Weise die Belohnung erhalten würde, ohne arbeiten zu müssen dafür. Was würde der Lehrer tun, die Komposition annehmen? Nein, sie würde ihn dazu bringen, es noch einmal mit seinen eigenen Worten aufzuschreiben, und wenn er es dann *richtig gemacht hätte* , würde ihm der Lehrer vielleicht die Belohnung geben. Gott hatte also tatsächlich versprochen, dass Isaaks Sohn eines Tages der Vater eines großen Volkes im Land Kanaan werden würde, und er wollte, dass Jakob ein solcher wird, aber weil Jakob versuchte, dies *auf die falsche Weise herbeizuführen* , indem er seinen Vater täuschte und Esau, er konnte nicht sofort zum Oberhaupt dieses Volkes in Kanaan ernannt werden. Also musste Jakob das Land verlassen, das ihm versprochen worden war, und die zwanzig Jahre, die er mit Laban verbrachte, hart arbeiten und unter Labans Gemeinheit ihm gegenüber leiden, damit er lernen konnte, dass er geduldig und gehorsam sein musste, wenn er Gottes Segen wollte und ehrlich arbeiten und dann würde Gott ihm seinen Segen geben.


Erzählen Sie dann die Geschichte und betonen Sie Jakobs Unterwerfung unter Esau und die Demut seines Gebets zu Gott. Letzteres lässt sich am besten dadurch verdeutlichen, dass man das Gebet in der Sprache der Bibel zitiert. (Genesis 32, 10 bis 13.) Wenn Sie Jakobs Ringen mit dem Engel beschreiben, sollten Sie keine weit hergeholte Moral hineininterpretieren. Erklären Sie lediglich, dass Gott einen Engel gesandt hat, um mit Jakob zu ringen, und dass, wenn Jakob den Engel dazu bringen könnte, ihn zu segnen, das ein Zeichen dafür wäre, dass er stark genug, groß genug und gut genug wäre, um der Vater des jüdischen Volkes zu sein. Der Segen des Engels sollte im direkten Gespräch gegeben werden. Wenn Sie die Namensänderung von Jakob zu Israel lehren, machen Sie darauf aufmerksam, dass wir Juden manchmal Kinder Israels oder Israeliten genannt werden, weil wir alle von Israel abstammen.

Versäumen Sie nicht, Esaus Aufbruch zum Berg Seir zu dokumentieren, wodurch Jakob das verheißene Land in Besitz nahm, und Jakobs Erfüllung seines Gelübdes in Beth El. Wenn Sie sich an etwas aus einer früheren Lektion erinnern, wie in diesem Fall an Jakobs Gelübde, versuchen Sie, die Kinder dazu zu bringen, es Ihnen zu erzählen, anstatt es selbst zu erzählen. Sagen Sie zum Beispiel: „So haben wir gesehen, wie Gott sein Versprechen an Jakob gehalten hat, bei ihm zu sein, als er sein Land verließ, und ihn sicher nach Hause zurückzubringen und ihm und seinen Nachkommen das Land Kanaan zu geben.", aber erinnert sich jemand von euch an das Versprechen, das Jakob gab, als er nach diesem wundervollen Traum erwachte?" usw.

---

# KAPITEL XIX

## JOSEPH IN DIE SKLAVEREI VERKAUFT
### Genesis 37

**Deutung.** In den Erzählungen, die sich mit der Geschichte der Patriarchen befassen, haben wir immer wieder betont, dass der Standpunkt des biblischen Autors ihr Leben nicht so sehr als eine persönliche Geschichte, sondern vielmehr als eine Vorbereitung auf die nationale Existenz Israels betrachtete. In der Geschichte Josefs ist dieser Standpunkt immer noch erkennbar, obwohl das Hauptinteresse auf die persönliche Geschichte Josefs verlagert wurde. Dies ist daran erkennbar, dass Josephs Verkauf nach Ägypten und die Ansiedlung seines Vaters und seiner Brüder in Gosen nicht als zufällige Umstände, sondern als Teil eines göttlichen Plans betrachtet werden, der Abraham bereits offenbart worden war. (Genesis 15, 13.) Das Hauptinteresse gilt jedoch, wie wir bereits sagten, dem persönlichen Werdegang Josefs. Diese Erzählung ist in erster Linie eine Geschichte. Es ist keine Geschichte mit einer Moral, sondern eine Geschichte voller Moral. Das vielleicht Wichtigste aus der Sicht des Kindes ist das, was sich mit den Worten des Psalmisten zusammenfassen lässt: „Siehe, wie gut und wie angenehm ist es, dass Brüder in Einigkeit beieinander wohnen!" (Psalmen 133, 1.) Dies wird im ersten Teil der Geschichte negativ und im letzten bejahend gelehrt. Aber Ideen wie die Gefahr einer ungerechtfertigten Diskriminierung seitens der Eltern, das Übel des Geschichtenerzählens und der Prahlerei, der Wert ehrlichen, treuen Dienens, der Adel des Widerstands gegen Versuchungen unter den schwierigsten Umständen und die Schönheit der Vergebung usw Versöhnung sind nur einige der vielen anderen Moralvorstellungen, die diese Geschichte lehrt. Der Teil von Josephs Leben, der in diesem Kapitel behandelt wird, zeigt, wie Jakobs Vorliebe für Joseph Feindseligkeit zwischen ihm und seinen Brüdern hervorrief, indem sie in ihnen Neid und in ihm eine gewisse Eitelkeit und ein Gefühl der Überlegenheit weckte. Diesen Merkmalen Josephs in dieser Zeit seines Lebens widmen die meisten jüdischen Schullehrer keine Aufmerksamkeit, da sie dazu neigen, alle biblischen Helden zu idealisieren und so die offensichtliche Bedeutung von Genesis 37,2 übersehen, aber die Geschichte gewinnt erst an Bedeutung, wenn wir Sehen Sie am Ende, wie vollständig Joseph alle Kleinlichkeiten überlebt hatte, die ihm hier zugeschrieben werden.

Im hebräischen Text herrscht Unklarheit über einen wesentlichen Punkt der Geschichte, nämlich darüber, wer Joseph verkauft hat. Die betreffenden Verse lauten:

25. Und sie setzten sich nieder, um Brot zu essen; Und sie hoben ihre Augen auf und schauten, und siehe, da kam eine Karawane Ismaeliten aus Gilead ...

26. Und Juda sprach zu seinen Brüdern: Was nützt es, wenn wir unseren Bruder töten ...

27. Kommt und lasst uns ihn an die Ismaeliten verkaufen ... Und seine Brüder hörten auf ihn.

28. Und es kamen Midianiter, Kaufleute, vorbei, und sie zogen und hoben Joseph aus der Grube und verkauften Joseph für zwanzig Schekel Silber an die Ismaeliter. Und sie brachten Joseph nach Ägypten ...

36. Und die Midianiter [6] verkauften ihn nach Ägypten.

Aus Vers 28 für sich genommen scheint es, dass nicht Josephs Brüder, sondern die Midianiter Joseph aus der Grube zogen und ihn an die Ismaeliten verkauften, und diese Theorie wird tatsächlich von einigen vertreten, die darauf hinweisen, dass nicht nur die traditionelle Interpretation dies erfordern würde ein Themenwechsel in der Mitte des Verses, der nicht anders angegeben ist, aber die Identifizierung von Ismaeliten und Midianitern implizieren würde, was insofern unhaltbar ist, als Midian ein Sohn Abrahams und Keturahs und Ismael der Sohn Abrahams und Hagars war. (Genesis 25, 1 und 2.)

Aber auch diese Sichtweise ist nicht ohne Schwierigkeiten, und meiner Meinung nach ist die traditionelle Interpretation der Verse vorzuziehen. Denn die Verse 26 bis 27 zeigen deutlich, dass Judas Plan, Josef zu verkaufen, bei seinen Brüdern Zustimmung fand, und wir sollten sicherlich mit einem Ausdruck der Enttäuschung von ihrer Seite rechnen, wenn ihr Plan am Ende scheiterte. Der Themenwechsel in Vers 28, den die traditionelle Interpretation erfordern würde, muss uns nicht beunruhigen, da ein solcher Themenwechsel in der Bibel nicht sehr ungewöhnlich ist. (Siehe zum Beispiel Genesis 14, 19 bis 20, 15, 13, 22, 7.) Was die Identifizierung von Midianitern und Ismaeliten betrifft, so ist es eine Tatsache, dass Rassennamen manchmal erweitert werden, um andere verwandte Rassen einzuschließen, mit denen die Geschichte engen Kontakt gebracht hat. Die Nachkommen von Hagar und Keturah werden daher in Genesis 25,6 zusammengefasst. Ibn Esra macht in seinem Kommentar zu unserer Passage außerdem darauf aufmerksam, dass dieselbe Identifizierung von Midianitern und Ismaeliten in Richter 8,24 vorgenommen wird, wo Gideon nach einem Sieg über die Midianiter sagt: „Ich würde eine Bitte an dich richten." , dass ihr mir jedem die Ohrringe seiner Beute geben würdet.' Denn sie hatten goldene Ohrringe gehabt, *weil sie Ismaeliten waren* . Die Lesart „Medanites" in Vers 36 könnte für

Midianiter ein Schreibfehler sein oder umgekehrt, da der einzige Unterschied im Weglassen oder Einfügen eines *jod besteht* .

**Ziel.** Das Ziel beim Unterrichten dieser Lektion sollte darin bestehen, beim Kind durch sein mitfühlendes Verständnis für die Motive, die der Handlung der Geschichte zugrunde liegen, eine Wertschätzung für die moralischen Ideale zu wecken, die wir gezeigt haben, dass sie darin enthalten sind.

**Vorschläge für den Lehrer.** Die Geschichte von Joseph dürfte keinem Lehrer große Schwierigkeiten bereiten , Kindern die Geschichte zu vermitteln, denn sie ist bei ihnen von Natur aus beliebt. Sie mögen es, weil seine Ideen einfach sind und größtenteils in den Erfahrungsbereich eines Kindes fallen. Die Haltung von Josephs Brüdern ihm gegenüber ist nicht unähnlich dem Groll, den Kinder bei jedem Anzeichen von Günstlingswirtschaft seitens eines Lehrers an den Tag legen, ein Groll, der sich unweigerlich auf „das Haustier des Lehrers" auswirkt. Die Geschichte gefällt ihnen auch wegen der Schnelligkeit ihrer Bewegung, des ständigen Wechsels von Szenen und Ereignissen, die jeweils auf neue Weise ihre Aufmerksamkeit erregen, und des heroischen Charakters der Handlung, in dem die Motive der Charaktere, ob gut oder böse, berücksichtigt werden offenbaren sich nicht in bloßen Gedanken und Worten, sondern in Taten.

Es könnte daher keinen größeren Fehler geben, als der Geschichte ihre ganze Kraft zu nehmen, indem man den Fluss der Erzählung durch langwieriges Moralisieren unterbricht. Die biblische Geschichte hört nicht auf zu moralisieren, doch die Moral ist klar genug, und das wird auch für die Klasse der Fall sein, wenn der Lehrer seine Geschichte mit dem richtigen Gefühl und dem richtigen Geist erzählt.

Andererseits muss der Lehrer aber auch davor gewarnt werden, davon auszugehen, dass das Kind selbst bei einer so einfachen Geschichte wie dieser ohne Hilfe verständlich ist. Es ist immer angebracht, der Erzählung Details hinzuzufügen, die dem Kind helfen sollen, sich die erzählten Vorfälle vorzustellen. Wenn Sie erzählen, wie Joseph in die Grube hinabgelassen wurde, sprechen Sie von seinen vergeblichen Schreien und seinen Fluchtversuchen, denn obwohl Kinder über eine gute Vorstellungskraft verfügen, verfügen sie nicht über genügend Erfahrung, aus der ihre Vorstellungskraft die gesamte Situation anhand einer bloßen Andeutung rekonstruieren könnte zwei. Ebenso benötigen Wörter wie Grube oder Karawane beschreibende Beinamen oder Phrasen, um sie dem Kind vor Augen zu führen. Darüber hinaus müssen die Motive der Figuren durch einen beiläufigen Bezug auf analoge Erfahrungen des Kindes deutlich gemacht werden, wie zum Beispiel:

„Als seine Brüder nun sahen, dass Joseph von seinem Vater mehr geliebt wurde als die anderen, wurden sie sehr wütend auf ihn und anstatt zu versuchen, die Liebe ihres Vaters auch für sich zu gewinnen, versuchten sie, sich mit Joseph zu rächen, genau wie ich." Ich habe manchmal gesehen, wie Jungen in der Schule wütend auf einen Klassenkameraden wurden und ihm allerlei Unfug anstellten, nur weil der Lehrer ihm bessere Noten gab als die anderen, die im Unterricht nicht so erfolgreich waren.

Alle derartigen Vergleiche dürfen jedoch nur beiläufig und mit möglichst wenigen Worten angestellt werden, damit sie den Geist des Kindes nicht vom Haupttrend der Erzählung ablenken. Man sollte in dieser Lektion nicht vergessen, wie nützlich Bilder sind, um die Geschichte zu veranschaulichen, und es gibt viele gute Illustrationen dieser Geschichte. Eine noch größere Hilfe dabei, den Eindruck dieser Lektion zu vermitteln, besteht darin, den Kindern zu erlauben, sie zu dramatisieren und zu spielen, denn dies setzt voraus, dass sie die Motive der Figuren verstehen.

# KAPITEL XX

## VOM Sklaven zum Vizekönig
## Genesis 39,1 bis 41,46

**Deutung.** Es gibt keinen sichereren Charaktertest als die Verpflanzung in ein fremdes Land ohne Hoffnung auf Rückkehr und die Degradierung in eine niedrigere soziale Schicht ohne Hoffnung auf Aufstieg. Denn ein großer Teil unserer moralischen Stärke beruht auf dem Bewusstsein, dass die Augen anderer, die sich für unser Leben interessieren, auf uns gerichtet sind, dass wir es nicht wagen, ihre Erwartungen an uns zu enttäuschen, und dass unsere Taten ihr Glück und ihre Ehre beeinflussen. Wer sich allein in einem fremden Land wiederfindet, aus dem er nicht zurückkehren will und von dem er nicht erwartet, dass Gerüchte über seine Taten seine früheren Freunde erreichen, muss einen eisernen Charakter haben, um den moralischen Maßstäben seiner früheren Treue treu zu bleiben Umwelt angesichts neuer Versuchungen. Dies gilt insbesondere dann, wenn er gleichzeitig mit der Verpflanzung in ein fremdes Land feststellt, dass sein sozialer Status gemindert wird. Denn der Ehrgeiz, in seiner neuen Umgebung aufzusteigen, dort Erfolg und Anerkennung zu erlangen, mag für manche ein ausreichender Anreiz sein, „Vergnügungen zu verachten und mühsame Tage zu verbringen", doch für die Versklavten in einem neuen Land fehlt dieser Anreiz ebenfalls. Diese beiden Charakterprüfungen musste Joseph bestehen, und er bestand sie erfolgreich. In Ägypten angekommen, verschwendet er keine Zeit damit, über seine Fehler zu grübeln, sondern macht sich eifrig an die Arbeit, um seine Aufgaben so zu erledigen, dass er das Vertrauen seines Herrn gewinnt. Dieses Vertrauen wird er selbst unter den verführerischsten Versuchungen nicht missbrauchen, und selbst wenn seine Treue zu Prinzipien zum Verlust des Vertrauens seines Herrn in ihn und zu seiner anschließenden Inhaftierung im königlichen Gefängnis führt. Beachten Sie, dass das, was Joseph rein hält, das Verantwortungsbewusstsein nicht nur gegenüber Potiphar, sondern in erster Linie gegenüber Gott ist, so dass genau die Tatsache, die andere zur Sünde verleiten könnte, nämlich die Tatsache, dass Potiphar nichts von seinen Missetaten wissen konnte, stärkt ihn gegen die Sünde. „Er weigerte sich und sagte zur Frau seines Herrn: ‚Siehe, mein Herr, der mich hat, weiß nicht, was im Haus ist, und er hat alles, was er hat, in meine Hand gelegt; er ist in diesem Haus nicht größer als ich, und er hat es auch nicht getan er hat mir alles vorenthalten außer dir, weil du seine Frau bist. Wie kann ich dann diese große Bosheit begehen *und gegen Gott sündigen* ?'" Im Gefängnis zeigt er dieselben Eigenschaften mit dem gleichen Ergebnis, das Vertrauen der Menschen zu gewinnen.

**Ziel.** Ziel dieser Lektion ist es, das Kind durch das Beispiel von Josephs Geduld, Fröhlichkeit und Treue in schwierigen Situationen zu inspirieren, wobei all diese Eigenschaften durch sein Vertrauen in Gott beeinflusst wurden.

**Vorschläge für den Lehrer.** Die im vorherigen Kapitel gemachten Vorschläge gelten auch für dieses. Helfen Sie dem Kind, sich die Erzählung vorzustellen und die Gefühle und Motive der Charaktere deutlicher zum Ausdruck zu bringen. Besprechen Sie zum Beispiel die Einsamkeit Josephs in diesem fremden Land, weit weg von seiner Heimat und allem, was er liebte, und stellen Sie seinen gegenwärtigen Status als Sklave seinen frühen Träumen von der Herrschaft gegenüber. Versuchen Sie, dem Kind eine Vorstellung davon zu vermitteln, was Sklaverei bedeutet, und zwar nicht durch eine Definition, sondern indem Sie ihm die verschiedenen Arten von Arbeit erzählen, die Joseph für seinen Herrn auf dem Feld und im Haus verrichten musste, ohne Bezahlung oder feste Ruhe- und Arbeitsstunden und unterworfen unangemessene Forderungen von Arbeitsleitern usw. Weisen Sie dann darauf hin, dass, obwohl viele Menschen unter solchen Umständen ihre Zeit mit Murren verschwendeten, Joseph darauf vertraute, dass Gott ihm helfen würde, und sich entschloss, die bestmögliche Arbeit zu leisten.

Der Vorfall, wie Joseph von Potiphars Frau in Versuchung geführt wurde, kann natürlich nur allgemein dargestellt werden. Der Lehrer erzählt, wie Potiphars Frau, die eine sehr böse Frau war, wollte, dass Joseph ihr dabei half, etwas Falsches zu tun, und er sich weigerte. Seine Ablehnung sollte im direkten Diskurs erfolgen und dem allgemeinen Gedankengang von Genesis 39,8 bis 9 folgen und so viel von der biblischen Sprache wie möglich beibehalten. Wenn Joseph ins Gefängnis geworfen wird, muss der Lehrer dem Kind erneut helfen, emotional zu verstehen, was es für Joseph bedeutete, nach all seinen treuen Diensten für Potiphar, aufgrund seiner Treue ins Gefängnis geworfen zu werden, und dem Schüler beibringen, Josephs Entschluss zu bewundern Machen Sie auch aus dieser Situation das Beste durch geduldiges und fröhliches Verhalten und mitfühlendes Interesse an den anderen Gefangenen. Es ist auch gut, dem Kind die scharfen Kontraste bewusst zu machen, die es in dieser Geschichte so viele gibt und die sein Interesse enorm steigern. Als der aus dem Gefängnis entlassene Butler des Königs auch Joseph vergisst und Josephs einzige Hoffnung auf Flucht zur völligen Enttäuschung verurteilt scheint, bietet Gott nicht nur die Gelegenheit für seine Flucht, sondern auch für seine Erhebung zum Vizekönigreich. Dies kann noch dadurch unterstrichen werden, dass etwas vom Prunk und den Umständen am Hofe des Pharaos angedeutet wird. Ich sage „anregen", denn der Lehrer sollte sich niemals einer reinen Beschreibung hingeben, die für Kinder immer langweilig ist. Ein gelegentliches beschreibendes Adjektiv oder eine beschreibende Phrase kann ebenfalls die Arbeit erledigen. Die Erzählung von Vorfällen wie dem Ausziehen von Josephs Gefängniskleidung und seinem Anziehen in feines Leinen, bevor er Zutritt in die königliche Gegenwart erhält, unterstreicht den gewünschten Kontrast zwischen Gefängnis und Palast. Auch die neue Würde, die Joseph verliehen wurde, wird dem Kind deutlicher gemacht, wenn man ihm erzählt, wie der König Joseph seinen Ring und seine Halskette gab und ihn im Wagen neben sich fahren ließ, während sich das ganze Volk vor ihm verneigte, als durch die Beschreibung seiner neuen Würde Offizielle Pflichten. Man könnte die Geschichte zusammenfassen und die Moral in einer kurzen Aussage darlegen, wie zum Beispiel: „So wurde der hebräische Sklavenjunge durch seine Treue und sein Vertrauen in Gott der ranghöchste unter allen Untertanen des Pharao.“

# KAPITEL XXI

## JOSEPH TRIFFT SEINE BRÜDER
### Genesis 41,47 bis 42,38

**Deutung.** In diesem Kapitel der Joseph-Erzählung finden wir, dass die Vorsehung Josephs Brüder vollständig in seine Hand gegeben hat; Ihr physischer Unterhalt hängt davon ab, dass er sie mit Mais versorgt. Sie sind Fremde in Ägypten, solange er der erste Minister am Hofe des Pharaos ist, und darüber hinaus aufgrund seiner ägyptischen Kleidung und Sprache und der Veränderung, die die zwanzig Jahre bei ihm bewirkt haben Aufgrund seines Aussehens – er war erst siebzehn, als er verkauft wurde – können sie ihn nicht erkennen und sind daher völlig unvorbereitet, was die Rachepläne angeht, die er hegen könnte. Das Interesse konzentriert sich daher auf die Haltung, die Joseph ihnen gegenüber einnehmen würde.

Da uns die Bibel lediglich sagt, was Joseph sagte oder tat, nicht aber, was er dachte, bleibt es uns überlassen, seine Beweggründe aus seinen Taten und Worten zu erschließen. Daher sieht es so aus, als hätte Joseph zunächst Zweifel, und so plant er, seine Brüder eine Zeit lang unter dem Vorwurf der Spionage im Gefängnis festzuhalten, da er der Meinung ist, dass ihre Handlungen unter einer solchen Anschuldigung einen Hinweis darauf geben könnten, wie er sich verhalten soll sie, und vielleicht in der Hoffnung, dass das Böse, das ihnen widerfahren war, möglicherweise auf das Böse hindeuten würde, das sie ihm angetan hatten. Sein erster Vorschlag ist, dass einer von ihnen zurückgeht und Benjamin mitbringt, den er unbedingt sehen möchte, aber schließlich beschließt er, alle bis auf einen zurückkehren zu lassen. Er ist nicht enttäuscht von dem Gedanken, dass ihr Leiden auf ihre Sünde hindeuten könnte, wie aus dem Dialog in Genesis 42,21.22 hervorgeht, der ihm auch die Information gibt, dass Ruben sich für seine Sache eingesetzt hatte. Deshalb wählt er nicht Ruben, den Ältesten, sondern Simeon, den Zweitältesten, als seine Geisel. In der Zwischenzeit zeigt er seine wahre wohlwollende Absicht, indem er ihnen den Mais gibt und das Geld heimlich zurückgibt. Aber selbst dies alarmiert Jakob und seine anderen Söhne, da es nur ein Vorwand für weitere Anklagen zu sein scheint.

**Ziel.** Das Hauptziel dieser Lektion besteht darin, mit der Moral von der Schönheit der Vergebung den Weg für die nächste Lektion vorzubereiten. Es enthält jedoch auch eine schöne Gewissensstudie, da das Unglück der Brüder Josephs sofort die Erinnerung an ihre Sünde wieder aufleben lässt und sie ihnen in den richtigen Farben vor Augen führt.

**Vorschläge.** Erinnern Sie sich zunächst an Josephs Träume, um zu sehen, ob sich die Klasse an sie und ihre Bedeutung erinnert. Machen Sie dann auf den Gedanken von Josephs Brüdern aufmerksam, dass sie seinen Träumen ein Ende setzten, indem sie ihn an die Ismaeliten verkauften. „Und doch", fahren Sie fort, „wird die heutige Lektion zeigen, wie Gott tatsächlich die Verwirklichung von Josephs Träumen herbeigeführt hat." Dadurch wird die Neugier der Kinder geweckt und Sie können dann mit der Geschichte der Hungersnot und ihren Auswirkungen fortfahren. Lassen Sie die Hungersnot als einen Umstand der Vorsehung erscheinen und erklären Sie ihre Bedeutung, indem Sie sagen, dass Gott nach den sieben Jahren des Überflusses nicht genug Regen fallen ließ, um den Mais und den Weizen zu bewässern, die schrumpften, so dass die Menschen kein Mehl mehr zum Brotbacken hatten. und es gab nicht genug Gras, um das Vieh zu ernähren, so dass es nicht genug Fleisch hatte usw. Der Begriff Hungersnot wird dann für das Kind keine bloße Abstraktion sein.

An dem Punkt, an dem Joseph seine Brüder trifft und sie ihn nicht erkennen, er sie aber erkennt, zeigen Sie, wie sich der Traum bereits teilweise erfüllt hat, obwohl Josephs Brüder ihn nicht realisiert haben. Die Hauptschwierigkeit des Lehrers wird darin bestehen, den Kindern die Motive für Josephs Verhalten gegenüber seinen Brüdern klar verständlich zu machen, was das Wichtigste im Unterricht ist. Dies kann dadurch erleichtert werden, dass die Kinder so befragt werden, dass sie sich in die Situation Josephs hineinversetzen müssen. Man könnte zum Beispiel wie folgt mit ihnen sprechen:

„Als Josef nun sah, wie sich seine Brüder vor ihm niederbeugten, dachte er daran, wie grausam sie zu ihm gewesen waren, und er dachte daran, wie wunderbar Gott die Erfüllung seiner Träume bewirkt hatte, sodass er nun seine Brüder in seiner Gewalt hatte und strafen konnte Denn niemand würde die Taten eines Vizekönigs des Pharaos gegenüber einer Gruppe von Fremden, die niemand in Ägypten interessierte, in Frage stellen. Wenn er gewollt hätte, hätte er befehlen können, sie alle zu töten, wie sie gedacht hatten oder er hätte sie alle als Sklaven verkaufen können, so wie sie ihn tatsächlich verkauft hatten; oder er hätte sie alle ins Gefängnis werfen können, wie er schon so lange in Ägypten im Gefängnis festgehalten worden war; oder er hätte es können hätten sich einfach geweigert, ihnen Getreide zu verkaufen, und sie wären verhungert. Was hätten Sie nun wohl getan, wenn Sie an Josephs Stelle gewesen wären?"

Erhalten Sie verschiedene Antworten aus der Klasse. Aller Wahrscheinlichkeit nach werden die Antworten eine schwere Strafe vorschlagen. Geben Sie dann eine Reihe von Gründen an, warum Joseph diese strengeren Strafen ablehnte, z. B. 1. weil seine Brüder schließlich seine Brüder waren und wir unsere Brüder lieben sollten, 2. weil ihre Strafe seinem Vater Jakob und seinem jüngeren Bruder Benjamin schaden würde die unschuldig waren, 3. weil es sowohl die Familien seiner Brüder als auch sie selbst betreffen würde, 4. weil sie sich seitdem möglicherweise verändert hätten und besser geworden wären und weil sie Mitleid mit ihrer Behandlung von ihm hatten, 5. weil, wenn er welche finden könnte Wenn er ihnen zeigt, wie schlecht sie gehandelt haben und wie gut er dennoch zu ihnen war, könnte es sein, dass sie sich schämen und sich entschließen, besser zu werden. „Aber", fahren Sie mit Ihrer Erzählung fort, „Obwohl Joseph seinen Brüdern nicht wehtun wollte, wollte er doch, dass sie Mitleid mit dem hatten, was sie ihm angetan hatten, damit sie so etwas nie wieder tun würden. Also dachte er: „Ich." Ich werde ihnen nicht sofort sagen, dass ich Joseph, ihr Bruder, bin und dass ich ihnen vergebe, aber ohne ihnen Schaden zuzufügen, werde ich sie mit Drohungen einschüchtern und sehen, ob sie gewinnen werden, wenn sie selbst in Schwierigkeiten sind. „Denke nicht an die Sünde, die sie begangen haben, und bereue sie." Es ist notwendig, den Grund für die Inhaftierung Simeons so zu erklären, dass er die Rückkehr der Brüder mit Benjamin sicherstellen wollte.

Versuchen Sie bei der Befragung der Klasse über die Lektion herauszufinden, ob die Kinder die zugrunde liegenden Ideen verstehen, indem Sie Fragen wie diese stellen: Wie kam es, dass Joseph seine Brüder erkannte und sie ihn nicht erkennen konnten? Warum meldete sich Joseph nicht sofort bei seinen Brüdern? Warum redete Joseph hart zu ihnen und beschuldigte sie, Spione zu sein? Wussten Josephs Brüder, dass er sie verstand, als sie miteinander sprachen? Warum nicht? Was ist ein Spion? Als Josephs Brüder dachten, sie würden als Spione behandelt werden, für welche Tat hielten sie dies für eine Strafe? Warum hielt Joseph Simeon gefangen? Warum gab Joseph das Geld seiner Brüder zurück? Was war nach Meinung seiner Brüder der Grund, warum er es zurückgab? Warum wollte Jakob Benjamin nicht mit seinen Brüdern nach Ägypten ziehen lassen? Es versteht sich von selbst, dass man die Geschichte so erzählen muss, dass sie eine klare Antwort auf jede der oben genannten Fragen enthält.

Diese Episode hat ein großes dramatisches Interesse und sollte von den Kindern gespielt werden.

# KAPITEL XII

## JOSEPH OFFENBART SICH SEINEN BRÜDERN
### Genesis 43,1 bis 45,28

**Deutung.** Zur Interpretation dieser Geschichte muss wenig gesagt werden. Die Lehre von der Schönheit von Vergebung und Versöhnung wird so klar zum Ausdruck gebracht, dass es keines weiteren Kommentars bedarf. In der Haltung seiner Brüder gegenüber Benjamin kann Joseph jede mögliche Änderung seines Herzens gegenüber sich selbst auf die Probe stellen. Die Gunst, die er Benjamin bei dem Essen erweist, das er für sie zubereitet hatte, kann als Test dafür angesehen werden, ob der Geist des Neids unter ihnen immer noch weit verbreitet ist, und insofern sie bei dieser Gelegenheit keine Eifersucht zu zeigen scheinen, sie kann davon ausgegangen werden, dass dieser erste Test bestanden wurde. Doch die eigentliche Prüfung kam, als Joseph vorschlug, Benjamin als seinen Sklaven zu behalten. Bei dieser Gelegenheit hält Judah, genau derjenige, der den Verkauf Josephs vorgeschlagen hatte, sein beredtes Plädoyer für Benjamin, eine Rede, die sein tiefes Mitgefühl für die Trauer seines Vaters und seine Wertschätzung dafür zum Ausdruck bringt, was der Verlust Josephs für seinen Vater bedeutet hat Er war bereit, seine eigene Freiheit für Josephs Bruder Benjamin zu opfern, der als Sohn Rahels den Platz Josephs im Herzen Jakobs eingenommen hatte. Joseph konnte sich keinen weiteren Beweis für den Sinneswandel seiner Brüder wünschen und es ist kein Wunder, dass er „sich nicht länger zurückhalten konnte".

**Ziel.** Ziel dieser Lektion ist es, ein edles Beispiel für die Großmut der Vergebung und die Schönheit kindlicher und brüderlicher Liebe zu geben.


**Vorschläge für den Lehrer.** Die Geschichte von Joseph, wie sie in der Bibel erzählt wird, ist in ihrer Einfachheit sowohl für das Kind als auch für den Erwachsenen so wunderbar beeindruckend, dass der einzige Rat, den man dem Lehrer dieser Geschichte geben möchte, darin besteht, dass er seine Erzählung so genau wie möglich nachbilden sollte möglich nach dem Vorbild der biblischen Geschichte selbst. Lesen Sie diese Kapitel der Bibel immer wieder und versuchen Sie herauszufinden, mit welchen Mitteln der biblische Autor seine Wirkung auf die Emotionen des Lesers ausübt. Lassen Sie sich das Pathos solcher Situationen nicht entgehen, wenn Jakob seinen Söhnen Vorwürfe macht, sie hätten von der Existenz ihres Bruders Benjamin erzählt, als hätten sie vorhersehen können, was auf diese Enthüllung folgen würde; oder wenn Joseph Benjamin gegenübersteht, seine Gefühle nicht unter Kontrolle bringen kann und sich in ein anderes Zimmer zurückzieht, um zu weinen; oder wenn seine Brüder, sich ihrer Unschuld bewusst, anbieten, ihr Leben zu geben, wenn der Wahrsagungskelch in ihren Säcken gefunden würde, und ihn dann zu ihrer Bestürzung im Sack Benjamins finden; oder wenn Juda in seinem Flehen zu Joseph die Auswirkungen des Verlusts Josephs auf Jakob erwähnt; oder wenn die Brüder Jakob die Nachricht von Josephs Herrlichkeit überbringen und er sich weigert, daran zu glauben, bis ihm unwiderlegbare Beweise vorgelegt werden; und eine Reihe ähnlicher Situationen, auf die man möglicherweise aufmerksam machen könnte. Nach der Vorbereitung auf diesen Höhepunkt, die die vorangegangenen Lektionen ermöglicht haben, wird der Lehrer, der sich mit seinem Fach gut vertraut gemacht hat, keine Schwierigkeiten haben, das Kind zu beeindrucken. In dieser Geschichte ist es besonders wichtig, alle Gespräche im direkten Diskurs zu berichten.

Anregende Fragen, die man den Kindern stellen sollte, sind die folgenden: Warum wollte Jakob Benjamin nicht mit seinen Brüdern gehen lassen? Warum weigerten sie sich, ohne ihn zu gehen? Warum ließ Jacob sie schließlich gehen? Warum gab Joseph Benjamin beim Bankett eine größere Portion als die anderen? Warum steckte Josef seinen Kelch in den Sack Benjamins? Warum war es von allen Brüdern Josephs gerade Juda, die sich für Benjamin einsetzten? Warum schickte Joseph wohl alle Ägypter aus dem Raum, als er sich seinen Brüdern zu erkennen gab? Als seine Brüder Angst hatten, dass Joseph sie für ihre Sünden gegen ihn bestrafen würde, und sich für ihre Taten schämten, was sagte Joseph, um sie zu trösten? Was sagte Jakob, als sie ihm sagten, dass Joseph am Leben sei und unter Pharao Herrscher über ganz Ägypten sei?

Auch diese Geschichte eignet sich für die Dramatisierung durch die Kinder.

# KAPITEL XIII

## DER TOD VON JAKOB UND JOSEPH
### Genesis 46,1 bis 50,26

**Deutung.** In diesen Kapiteln verlagert sich der Schwerpunkt des Interesses erneut von der persönlichen Biografie auf das Schicksal Israels als Volk. Man ist sich stets bewusst, dass seine Aufmerksamkeit auf das Ende einer Periode und den Beginn einer anderen gelenkt wird. Die patriarchale Periode geht nun zu Ende und die Periode der nationalen Existenz beginnt. Gottes Absicht zeigt sich nicht mehr in der Auswahl einzelner Personen, sondern in seinem Umgang mit dem Volk als Ganzes. Es ist kein Zufall, dass das nationale Leben Israels in Ägypten und nicht in seinem eigenen Land beginnen soll; Denn so wie Abraham, der Vater der Menschheit, durch seine Bereitschaft, sein Zuhause im Gehorsam gegenüber Gott zu verlassen, auf die Probe gestellt wurde, so sollte die Nation als Ganzes eine ähnliche Erfahrung machen. Es musste dazu gebracht werden, seine Erwählung zu verwirklichen, indem es „als eine Nation aus der Mitte einer anderen Nation herausgenommen wurde, durch Prüfungen, durch Zeichen und durch Wunder und durch Krieg und durch eine mächtige Hand und durch einen ausgestreckten Arm und durch große Schrecken". . (Deuteronomium 4, 34.) In diesen Kapiteln sehen wir den Beginn der Erfüllung der prophetischen Vision Abrahams, die in Genesis 15, 12-16 aufgezeichnet ist.

Sehen wir uns an, wie die im obigen Absatz dargelegten Ideen in den von uns betrachteten Kapiteln vermittelt werden. Beachten Sie zunächst Jakobs ängstlichen Widerwillen, nach Ägypten zu gehen, der der Zusicherung Gottes bedarf: „Fürchte dich nicht, nach Ägypten hinabzuziehen; denn ich werde dich dort zu einem großen Volk machen. Ich werde mit dir nach Ägypten hinabziehen, und das werde ich auch." Bringe dich gewiss wieder hinauf. (Genesis 46,3, 4.) Bevor Jakob stirbt, erinnert er Josef an die Verheißung Gottes, die ihm in Beth El im Vorgriff auf den Auszug aus Ägypten gegeben wurde: „Gott, der Allmächtige, erschien mir in Lus im Land Kanaan, segnete mich und sprach: zu mir: Siehe, ich werde dich fruchtbar machen und dich vermehren, und ich werde aus dir eine Schar von Völkern machen; und ich werde dieses Land deinem Samen nach dir zum ewigen Besitz geben." (Genesis 48.3,4.) Wir können davon ausgehen, dass Jakobs Beharren darauf, in Kanaan begraben zu werden, dieselbe Idee impliziert. Sein Segen für seine Kinder und Enkel bestätigt diesen Gedanken noch mehr, und Josephs Anweisungen hinsichtlich der Entsorgung seines eigenen Körpers zeigen am deutlichsten, dass der Aufenthalt in Ägypten nicht für die Dauer gedacht war, wie aus Josephs Worten an seine Brüder hervorgeht (Genesis 50,19, 20), es wurde von Gott ernannt.

Obwohl das Hauptinteresse dieser Kapitel, wie wir gerade gezeigt haben, vor allem aus der Sicht des Schicksals Israels besteht, mangelt es ihnen auch nicht an persönlichem Interesse. Es liegt ein erhabenes Pathos in Jakobs demütiger Annahme des göttlichen Beschlusses, der ihn nach lebenslangem Kampf dazu bringt, seine Tage in einem fremden Land zu beenden, mit den Ambitionen, die er sein ganzes Leben lang gehegt hatte, die nach seinem Tod immer noch von einer fernen Zukunft abhängen Realisierung. Bei seiner Begegnung mit dem Pharao wahrt er seine patriarchale Würde. Aber er zeigt keinerlei Triumphgefühl angesichts der ihm zuteil gewordenen Ehrungen, und sein Rückblick auf sein Leben offenbart ihm wenig, was nicht enttäuschend wäre; „Die Tage meiner Lebensjahre waren gering und böse, und sie erreichten nicht die Tage der Lebensjahre meiner Väter in den Tagen ihrer Aufenthalte .‟ (Genesis 47,9.) Erbärmlich ist auch die Anspielung Jakobs auf den Tod Rahels, der vor so vielen Jahren stattgefunden hatte, als er die Söhne Josefs segnen wollte, als ob der Gedanke an Josefs Wohlstand erneut seinen Kummer über Rahel erweckte hatte es nicht mehr erlebt: „Und ich, als ich aus Paddan kam, starb Rahel für mich im Land Kanaan auf dem Weg, als noch ein Weg nach Ephrath übrig war; und ich begrub sie dort auf dem Weg.‟ nach Ephrath – das Gleiche ist Bethlehem . ‟ (Genesis 48,7.) Dennoch wahrt er seine patriarchale Autorität über seine Kinder und Enkelkinder bis zuletzt, indem er Ephraim über Menassa segnete und es nicht versäumte, seine Kinder zu segnen, um sie als Warnungen für die Zukunft an ihre vergangenen Sünden zu erinnern. Die Hingabe seiner Kinder an ihn und die erneuerten Zuneigungsbeziehungen zwischen Joseph und seinen Brüdern vervollständigen das Bild der idealen patriarchalischen Familie, in der Liebe und Ehrfurcht sowie ein gemeinsamer Glaube die Bande sind, die die Einheiten zusammenhalten.

Genesis 47,13 bis 26 ist interessant im Lichte dessen, was wir über die ägyptische Geschichte aus anderen Quellen als der Bibel wissen. Es wird allgemein angenommen, dass der Pharao zur Zeit Josephs ein Angehöriger der Hyksos- Dynastie war, die einem semitischen Stamm angehörte, der Ägypten erobert hatte. Das Land war vor dieser Zeit in einer Art Feudalherrschaft von einigen alten Adligen gehalten worden. Diese bereiteten den Hyksos-Herrschern vor allem im Süden ständig Ärger. Josephs Politik zielte daher darauf ab, eine Zentralisierung der Macht in den Händen des Pharaos sicherzustellen, indem er das gesamte Land in Besitz nahm und alle anderen außer den Priestern auf den Status von Pächtern reduzierte. Diese Machtkonzentration in den Händen eines einzelnen Monarchen, so unerträglich sie in einem modernen Staat auch sein mag, war in der Antike oft das beste Mittel, um das Maß an Frieden vor ständigen Konflikten zwischen Kleinfürstentümern zu sichern, das eine absolute Voraussetzung für den Fortschritt war und Zivilisation. Natürlich interessiert sich das Kind nicht für solche Probleme und dieser ganze Vorfall sollte weggelassen werden, aber es ist gut für den Lehrer, diese Wahrheiten im Hinterkopf zu behalten, damit seine modernen politischen und wirtschaftlichen Theorien ihn nicht voreingenommen gegenüber dem Charakter Josephs beeinflussen.

**Ziel.** Es gibt zwei Ziele, die der Lehrer in dieser Lektion im Auge behalten sollte: eines bezieht sich auf das historische Interesse, das wir gezeigt haben, und das andere auf das persönliche Interesse. Im Einklang mit ersterem muss der Lehrer dem Kind die in diesem Kapitel enthaltenen historischen und religiösen Ideen vermitteln, die die Bedeutung der patriarchalen Zeit zusammenfassen und den Weg für die Arbeit im nächsten Jahr bereiten, nämlich die Idee, wie Gott eine große Nation schuf gemäß seinem Versprechen an die Patriarchen, indem er ihnen erlaubte, sich in Ägypten zu vermehren, und erinnerte sie gleichzeitig daran, dass sie keine Ägypter werden sollten, sondern eines Tages in ihr Land zurückgebracht würden. Aber der Aspekt der Lektion, der sich am stärksten auf die Kinder auswirken kann, ist der persönlichere mit seinem Bild des idealen Familienlebens als eine Art Abschlussbild des Dramas von Joseph, das sie gelernt haben. Von besonderem Wert ist das Beispiel der Ehrfurcht vor den Eltern, die es ihnen entgegenbringt.

**Vorschläge für den Lehrer.** Die wertvollste Hilfe, die der Lehrer beim Unterrichten dieser Lektion erhalten kann, ist auch das Studium der biblischen Geschichte selbst. Beachten Sie, dass in der Bibel zwar klargestellt wird, dass die Besiedlung Ägyptens im Einklang mit einem göttlichen Plan für die Entwicklung des auserwählten Volkes erfolgte, dies jedoch nirgends in abstrakten Begriffen angegeben wird, sondern wir dürfen es aus den Worten und ableiten Handlungen der Charaktere und die Ereignisse, wie sie sich selbst gestalten. Beim Unterrichten von Kindern, die nicht in der Lage sind, abstrakte Vorstellungen zu bilden, ist keine andere Methode möglich. Aus diesem Grund ist es jedoch notwendig, sich mehr Mühe zu geben, dem Kind die Bedeutung der Worte und Handlungen der Figuren klar zu machen. Wenn man also davon spricht, dass Gott Jakob in Beerscheba mit seiner beruhigenden Botschaft erschien , muss man zunächst darlegen, was die Bibel unserer eigenen Schlussfolgerung überlässt: Jakobs Widerwillen, nach Ägypten zu gehen, und den Grund für seinen Widerwillen. Man könnte zum Beispiel sagen:

„ Also machte sich Jakob bereit, Kanaan zu verlassen und seinem Sohn Joseph entgegenzugehen, den er unbedingt noch einmal sehen wollte. Und doch empfand er trotz seiner Sehnsucht nach der Begegnung mit Joseph Bedauern, das Land Kanaan, in dem er geboren wurde, zu verlassen , wo sein Vater und seine Mutter und seine liebe Frau Rachel begraben waren und wo Gott ihm versprochen hatte, dass seine Kinder eine große Nation werden würden. Vielleicht empfand er auch Mitleid, weil er sich daran erinnerte, von einer Prophezeiung gehört zu haben, die Gott Abraham mit diesen Worten gesagt hatte Seine Nachkommen würden Sklaven eines fremden Volkes in einem fremden Land werden, und er dachte: „Vielleicht werden meine Kinder jetzt in Ägypten zu Sklaven gemacht." Aber in dieser Nacht, als er schlief, sandte Gott einen Traum, um ihn aufzumuntern. Er träumte, er hörte Gott sprechen zu ihm und sage „-usw."

Wenn Sie von Josephs bevorstehendem Treffen mit seinem Vater erzählen, betonen Sie erneut die Liebe, die ihn veranlasste, den Patriarchen so schnell willkommen zu heißen, und den Stolz, mit dem er seinen alten Vater dem König Pharao vorstellte, sowie die damit verbundene Sorge um das Wohlergehen seines Vaters und seiner Brüder bei den Vorbereitungen für ihren Empfang in Goschen, dem fruchtbarsten Teil Ägyptens, im Nildelta.

Wenn Sie über den Wunsch Jakobs und Josefs sprechen, in Kanaan begraben zu werden, erklären Sie den Grund dafür, dass sie ihre Nachkommen an Gottes Versprechen erinnern wollten, sie aus Ägypten in ihr eigenes Land Kanaan zu führen. Beim Erzählen von Jakobs Segen für Ephraim und Menassa ist es nicht notwendig, auf die Bevorzugung Ephraims einzugehen, da diese nur im Lichte der späteren Geschichte der Stämme von Bedeutung ist und wenn das Kind diesen Teil erreicht In der Geschichte wird er diesen Vorfall vergessen haben, da darin nichts an sich Interessantes für Kinder enthalten ist, aber ignorieren Sie nicht Genesis 48,20: „Und er segnete sie an jenem Tag und sprach: ‚Durch dich wird Israel segnen, indem er sprach: Gott mache dich wie Ephraim und …' als Menassah ."" Auf diese Weise ist es möglich, einen Bezugspunkt zwischen dem häuslichen Leben des Kindes und dem Unterricht herzustellen, indem man es darauf hinweist, dass genau diese Worte Teil des Segens sind, mit dem seine Eltern es am Sabbat segnen. Dadurch wird ihm klar, dass er einer der Menschen ist, deren Geschichte er lernt. Es wäre auch gut zu fragen, wie viele Kinder in ihren Nachtgebeten *Hamal'ak ha- go'el sagen, und zu erklären, dass dies Teil von Jakobs Segen für Ephraim und* Menassa ist . (Genesis 48,16.)

Helfen Sie den Kindern, sich die imposanten Bestattungsrechte im Zusammenhang mit der Beerdigung Jakobs vorzustellen, als Ausdruck der Ehre, die ihm sowohl von den Ägyptern als auch von seinen eigenen Kindern erwiesen wurde. Anhand der Karte soll ihnen eine Vorstellung von der Länge der Reise und der zurückgelegten Route vermittelt werden. Gehen Sie nicht davon aus, dass die Kinder verstehen, dass die Angst der Brüder Josephs nach dem Tod ihres Vaters wieder aufflammte, sondern erklären Sie, dass sie dachten, dass Joseph sie vielleicht bis zu diesem Zeitpunkt nicht bestraft hatte, nur um seinen Vater zu schonen, sondern dass dies nach der Beerdigung seines Vaters der Fall war Er würde keine Skrupel mehr haben, so wie Esau zu Lebzeiten seines Vaters davon absah, Jakob zu töten, nach seinem Tod jedoch damit drohte.

# TEIL II

## ISRAEL UNTER DER FÜHRUNG VON MOSES

# KAPITEL I

## DIE GEBURT DES MOSE
### Exodus 1,1 bis 2,10

**Deutung.** Die Kinder Israels, die sich im reichen Weideland Goschen niederließen, waren ein zahlreiches Volk geworden. Zunächst ging es ihnen gut, doch dann kam es zu einer Veränderung mit der Thronbesteigung des „Pharaos, der Joseph nicht kannte". Dieser Pharao stammte aller Wahrscheinlichkeit nach nicht nur aus einer anderen Dynastie, sondern auch aus einer anderen Rasse als der Pharao zur Zeit Josephs . Der Pharao zur Zeit Josephs war wahrscheinlich ein Nachkomme der Hyksos-Invasoren in Ägypten, einem semitischen Hirtenstamm wie die Israeliten. Die wahren Ägypter jedoch, die ein landwirtschaftlich geprägtes Volk waren und Hirten einen Gräuel darstellten, vielleicht weil viele ihrer Praktiken im Widerspruch zu den religiösen Vorstellungen der Ägypter standen, zu denen auch die Verehrung heiliger Rinder gehörte (siehe Exodus 8,22), stürzten diesen Semiten schließlich Dynastie. Infolgedessen wurden die Israeliten mit Misstrauen und Hass als gefährliches Element des Staates betrachtet. Die Dienste, die sie der alten Dynastie geleistet hatten, würden ihnen nun von der neuen Dynastie vorgeworfen werden, und anstatt eine bevorzugte Rasse zu sein, wurden sie trotz ihres langen Aufenthalts in Ägypten als fremd und feindselig angesehen. und waren Verfolgung und Unterdrückung ausgesetzt. Die Verfolgung nahm zunächst die Form von Zwangsarbeit bei der Errichtung öffentlicher Bauten der Pharaonen an, doch als es den Israeliten dennoch gut zu gehen schien, wurde zu der drastischen Maßnahme gegriffen, jedes männliche Kind zu ermorden. An diesem Punkt zeigt uns die biblische Geschichte, wie die Vorsehung die Erlösung für Israel vorbereitete, indem sie das Leben des Kindes verschonte, das zum Befreier werden sollte. Über die allgemeine religiöse Bedeutung der ägyptischen Knechtschaft, wie sie in der Bibel interpretiert wird, haben wir bereits in den vorangegangenen Kapiteln gesprochen.

**Ziel.** Das Ziel dieser Lektion ist dreifach: Erstens soll dem Kind das Ideal vermittelt werden, das in den Worten zum Ausdruck kommt: „Und einem Fremden sollst du kein Unrecht tun, noch sollst du ihn unterdrücken; denn ihr wart Fremde im Land Ägypten." (Exodus 22,20); zweitens, um ihn zu ermutigen, seine nationalen jüdischen Bestrebungen in der Diaspora aufrechtzuerhalten, wie es seine Väter in Ägypten taten, und schließlich, um ihn mit dem Glauben an Gottes Vorsehung zu inspirieren, wie die Art und Weise zeigt, wie Gott den kleinen Moses rettete.

**Vorschläge für den Lehrer.** Erinnern Sie die Klasse zunächst an die Geschichte von Josef. wie die Israeliten, die sich in Gosen niederließen – zeigen Sie den Standort auf der Karte – zu einem zahlreichen Volk wurden und lange Zeit die Gunst des Pharaos und der Ägypter genossen, aus Dankbarkeit für alles, was Joseph damals für Ägypten getan hatte der Hungersnot. Denken Sie dann darüber nach, was die Kinder Israels, die größtenteils einfache Hirten waren, von den Ägyptern gelernt haben, die nicht nur geschickte Bauern, sondern auch große Baumeister waren. Dies lässt sich am besten erreichen, indem man Bilder der ägyptischen Denkmäler zeigt und auf die Fähigkeiten hinweist, die erforderlich waren, um sie in einer Zeit zu errichten, bevor der Einsatz von Dampf und Elektrizität bekannt war. „Aber", sollte der Lehrer betonen, „obwohl die Kinder Israels viel von den Ägyptern lernten, kopierten sie sie nicht in allem. In einer Hinsicht waren sie den Ägyptern weit voraus – in ihrer Religion. Das wussten sie." Es gab einen Gott, den sie nicht sehen konnten, der die Himmel und die Erde und alles, was darin ist, erschuf, aber die Ägypter beteten viele Götter an. Sie hatten heilige Stiere und heilige Kühe und heilige Katzen und sogar einen heiligen Käfer – eine Art Käfer. Die Israeliten in Ägypten verstanden, dass sie keine Ägypter werden sollten, sondern dass Gott sie eines Tages aus Ägypten in ihr eigenes Land Palästina führen würde, wie er es Abraham, Isaak und Jakob versprochen hatte. Also machten sie weiter ihre eigene Sprache, Hebräisch, zu sprechen und ihre Religion aufrechtzuerhalten.

Erklären Sie, wie das Beharren auf der Aufrechterhaltung ihrer eigenen religiösen Praktiken und ihrer eigenen Sprache sowie die Weigerung, sich an der Verehrung der ägyptischen Götter zu beteiligen, den Hass vieler Ägypter erregte und den Weg für die Erlasse des „neuen Pharaos" ebnete „, der „Joseph nicht kannte". Dies kann am besten durch Bezugnahme auf moderne Beispiele ähnlicher Feindseligkeit geschehen, die möglicherweise in den Bereich der Erfahrung oder Beobachtung des Kindes gefallen sind. Sprechen Sie zum Beispiel wie folgt:

„Als die Ägypter sahen, dass die Kinder Israels nicht so werden würden wie sie, sondern ihre eigene Religion und Sprache beibehielten, begannen viele von ihnen, die Juden nicht zu mögen, denn es gibt Menschen, die niemanden mögen, der sich sehr von ihnen unterscheidet." Einige von Ihnen kennen vielleicht Jungen, die Chinesen wegen ihres seltsamen Aussehens, ihrer Kleidung und ihrer Sprache gerne ärgern und ärgern, oder die Negern gegenüber unfreundlich sind, nur weil sie schwarz sind, oder die gerne ausländische Kinder quälen, die die englische Sprache nicht sprechen . Sie wissen wohl, dass es einige Menschen gibt, die aus keinem besseren Grund unfreundlich zu Juden sind. In diesem freien Land würde niemand daran denken, uns wirklich Schaden zuzufügen, und unsere Gesetze würden es auch nicht zulassen, aber es gibt einige Länder, in denen die Gesetze selbst gelten Das Land versucht, das Leben des Juden unglücklich zu machen, nur weil er ein Jude ist. Viele von Ihnen haben vielleicht etwas darüber gehört, wie Juden vor nicht allzu langer Zeit in Russland behandelt wurden. Und genau so begannen die Ägypter damit Wir empfinden gegenüber unseren Vorfahren, als sie sahen, dass sie die Götter der Ägypter nicht anbeteten, sondern ihre eigenen religiösen Praktiken beibehielten und ihre eigene Sprache sprachen; Und als ein neuer Pharao auftauchte, der alles über Joseph und das Gute, das er Ägypten getan hatte, vergessen hatte, ein Mann aus einer völlig anderen Familie als der Pharao zu Josephs Zeiten und aus einem anderen Teil des Landes, begannen die Ägypter, Gesetze gegen ihn zu erlassen Juden. Pharao, der die Juden besonders hasste, erließ ein Gesetz, dass sie alle als Sklaven beim Bau seiner großen Schatzstädte arbeiten sollten" usw.

Der Rest der Geschichte ist einfach und bereitet dem Lehrer keine Schwierigkeiten. Das Einzige, was betont werden muss, ist, dass der Lehrer beim Erzählen von der Geburt und Rettung des Säuglings Mose daran denken muss, dass er den Weg für die Geschichte des Exodus bereitet, und dass er betonen muss, dass Mose gerettet wurde, weil Gott es so wollte Er wollte sein Volk erlösen, nicht dass seine Rettung ein glücklicher Zufall gewesen wäre. Er kann dies tun, indem er von Gott spricht und die Ideen vorschlägt, nach denen die Charaktere handeln. Wenn man zum Beispiel erzählt, wie Miriam sah, wie die Tochter des Pharao den Korb aufhob, könnte man sagen: „Dann legte Gott Miriam einen weisen Gedanken ins Herz, und sie lief auf die Tochter des Pharao zu und fragte sie" usw. Auch hier könnte man sagen: „Als nun die Tochter des Pharao das kleine weinende Baby sah, erfüllte Gott ihr Herz mit Mitleid mit dem hilflosen kleinen Säugling", und man könnte die Lektion mit den Worten abschließen: „Auf diese Weise rettete Gott das Baby, das, als es erwachsen war, zu einem... Der Mensch sollte sein Volk von der Unterdrückung des Pharao befreien.

So viel zur Präsentation der Lektion. Versäumen Sie es nicht, bei der anschließenden Diskussion mit der Klasse durch geeignete Fragen auf die Pflicht hinzuweisen, unsere jüdischen Bräuche aufrechtzuerhalten, selbst angesichts des Spottes und des Widerstands, den sie manchmal hervorrufen. Die Umsetzung der Moral der Geschichte sollte im Hinblick auf die eigene Erfahrung des Kindes erfolgen. Man könnte zum Beispiel sagen: „Als unsere Väter in Ägypten ihrem Gott opferten und nicht den ägyptischen Tiergöttern opferten, gefiel das den Ägyptern? Gefiel das den Israeliten, als sie sahen, dass die Ägypter sie hassten, weil sie anders waren." in Rasse, Sprache und Religion ihre Sprache und Religion aufgeben, um wie die Ägypter zu erscheinen? Glauben Sie, dass sich das jüdische Kind heute schämen und seine jüdischen religiösen Praktiken aufgeben sollte, weil seine christlichen Freunde sie vielleicht für seltsam halten oder vielleicht? Sie mögen sie nicht oder behandeln ihn vielleicht nicht so freundlich, wenn er zeigt, dass er Jude ist? Manchmal gehen jüdische Jungen an jüdischen Feiertagen zur Schule, weil ihre christlichen Freunde nicht zu Hause bleiben. Finden Sie das richtig? Finden Sie das richtig? Halten Sie es für richtig, in der Schule christliche Lieder zu singen, weil Sie Angst davor haben? Kein Lehrer wird Sie jemals zwingen, ein christliches Lied zu singen, wenn Sie höflich erklären, dass Sie das nicht tun möchten, weil Ihre Religion es verbietet. Was würden Sie tun, wenn Sie gebeten würden, an einer Weihnachtsfeier in der Schule teilzunehmen? Was würden Sie tun, wenn Ihnen ein christlicher Junge etwas von seinem Mittagessen zum Essen anbieten würde und Sie nicht sicher wären, ob das, was er Ihnen gab , *koscher war*? Haben sie in den Ländern, in denen die Juden heute nur deshalb schlecht behandelt werden, weil sie Juden sind, so wie ihre Vorväter in Ägypten behandelt wurden, ihr Judentum aus diesem Grund aufgegeben oder halten sie es noch aufrecht? Was würden Sie tun, wenn Sie in einem dieser Länder leben würden?"

Denken Sie jedoch nicht zu sehr über Antisemitismus nach, da es für das Kind moralisch nicht hilfreich ist, zu starke Ressentiments zu empfinden. Es würde den genau entgegengesetzten Effekt hervorrufen, wenn wir in unseren Schülern ein Gefühl der Feindseligkeit gegenüber den Heiden wecken würden. Der Schwerpunkt muss ausschließlich auf der positiven Tugend liegen, die religiöse Loyalität trotz der Feindseligkeit aufrechtzuerhalten, die sie manchmal hervorrufen kann.

# KAPITEL II

## MOSES, DER FREUND DER SCHWACHEN UND UNTERDRÜCKTEN
### Exodus 2,11 bis 23

**Deutung.** Das Hauptinteresse an der in diesen Versen ,enthaltenen Erzählung liegt in dem Licht, das sie auf den Charakter Moses und die Eigenschaften werfen, die ihn zum idealen Befreier, Führer und Gesetzgeber seines Volkes machten. Das erste davon ist sein Mitgefühl für ihr Leiden und sein Gefühl der Verbundenheit mit ihnen, was ihn, obwohl er ein Prinz von Ägypten von Rang und Bildung ist, dazu bringt, zu seinen Brüdern zu gehen und auf ihre Lasten zu schauen. Das zweite ist seine Empörung über alles Unrecht, sei es von einem Ägypter oder einem Israeliten; und schließlich zeigt sich dort sein ritterlicher Eifer im Dienste der Schwachen und Unterdrückten, der ihn auf eine Mission wie die des idealen fahrenden Ritters schickt, „um ins Ausland zu reiten, um menschliches Unrecht wiedergutzumachen", und das sogar in einem fremden Land , veranlasst ihn, sich in die Sache der Hirtinnen von Midian gegen die unhöflichen Hirten einzumischen.

**Ziel.** Das Ziel dieser Lektion besteht darin, im Kind durch seine Bewunderung für Moses jene Charakterzüge von Moses zu kultivieren, die wir in der Erzählung in diesen Kapiteln gezeigt haben, um sie zu veranschaulichen.

**Vorschläge für den Lehrer.** Versuchen Sie, die Noblesse der von Mose eingeschlagenen Vorgehensweise hervorzuheben, indem Sie die Kinder auf andere mögliche Vorgehensweisen aufmerksam machen, die er möglicherweise eingeschlagen hat. Da Moses über Reichtum und Luxus verfügte, hätte er sein Leben dem Vergnügen hingeben können; Aufgrund seiner hervorragenden Bildung hätte er möglicherweise mit Verachtung auf seine unwissenderen Brüder herabblicken und sich vom Umgang mit ihnen fernhalten; Aus Angst vor dem Vorwurf seiner hebräischen Herkunft hätte er eine solche Verbindung aus Vorsichtsgründen vermeiden können. Aber er hat nichts davon getan. Er hatte das Gefühl, dass, wenn er auf so wunderbare Weise gerettet worden war und nur ihm Vorteile zuteil geworden waren, die die anderen nicht erhalten hatten, dies nur deshalb geschah, weil Gott beabsichtigt hatte, dass er diese zum Wohle seines gesamten Volkes nutzen sollte. Um die Verhaltensweisen aufzuzeigen, die Mose offen standen, ist es gut, sich auf Beispiele aus dem modernen Leben zu stützen:

„Wie viele Kinder, die von ihren Eltern alles bekommen, was sie brauchen, und zusätzlich Geld ausgeben, denken nur daran, es für Sport und

Vergnügen auszugeben, und denken nie darüber nach, was die armen Kinder brauchen, die nicht einmal Nahrung, Kleidung oder Wärme haben und ihr Geld mit ihnen zu teilen. Aber Mose war nicht so; obwohl er, da er als Sohn des Pharao erzogen worden war, ein Leben in Bequemlichkeit, Müßiggang und Vergnügen hätte führen können, zog er es vor, unter seinen armen Brüdern umherzugehen und Helfen Sie ihnen mit ihren Lasten. Darüber hinaus ließ sich Moses, obwohl er die beste Bildung erhalten hatte, die ein Ägypter in jenen Tagen erhalten konnte, nicht einbilden. Egal wie gebildet oder wie edel jemand von Geburt sein mag, man sollte sich nicht daran halten distanziert vom einfachen und einfachen Volk. Daher war Moses, obwohl er ein gelehrter Prinz war, nie zu stolz, sich mit den unwissenden Sklaven, seinem Volk, zu verkehren."

Wenn Sie lehren, wie Mose den Ägypter erschlug, versäumen Sie nicht, den heroischen Charakter der Tat hervorzuheben, indem Sie Moses Beweggrund betonen, nämlich seinen verletzten Sinn für Gerechtigkeit, und die Gefahren, denen er im Voraus bewusst gewesen sein muss diese Tat würde ihn bloßstellen.

# KAPITEL III

## GOTT SENDET MOSES, UM SEIN VOLK ZU RETTEN
### Exodus 3,1-4,31

**Deutung.** Da die Zeit nun reif dafür ist, dass Gott seinen Bund erfüllt, Israel aus der Knechtschaft Ägyptens zu erlösen, macht er Mose seine Absicht kund und beauftragt ihn mit der Aufgabe, den Ältesten Israels die Erlösung zu verkünden und sie vom Pharao zu fordern. Doch Moses zögert. Er zweifelt an seiner Eignung für diese Aufgabe und fragt: „Wer bin ich, dass ich zum Pharao gehen und die Kinder Israel aus Ägypten herausführen sollte?" Und Gottes Antwort lautet: „Gewiß, ich werde bei dir sein." Doch damit ist Moses noch nicht zufrieden, er will in Gottes Aussage „Ich bin יהוה " eine Garantie göttlicher Hilfe . Denn als Moses Gott nach seinem Namen fragte, suchte er nicht nur nach Informationen. Für eine Diskussion der kritischen Fragen, die diese Verse aufwerfen, ist in diesem Buch kein Platz. Die von Wiener [7] gegebene Interpretation scheint die vernünftigste zu sein. Er macht darauf aufmerksam, dass bei Naturvölkern – und die Erzählungen des Pentateuchs mussten einem Naturvolk verständlich gemacht werden – der Name einer Person und insbesondere eines Gottes als Menschen mit bestimmten Kräften angesehen wurde jedem verliehen, dem er seinen Namen offenbarte. Als Moses nach dem Namen Gottes fragte, geschah dies daher als eine Art positive, unwiderrufliche Erfolgsgarantie, aber Gott weigert sich an dieser Stelle, direkt zu sagen: „Ich bin יהוה " und gibt die ausweichende Antwort: „Ich bin." das bin ich." Dann erklärt Moses unzufrieden, dass das Volk ihm nicht glauben wird, und Gott antwortet, indem er ihm das Wunder der Verwandlung des Stabes in eine Schlange usw. zeigt. Moses zögert immer noch und führt mangelnde Beredsamkeit als Entschuldigung für das Nichtgehen an, und Gott verspricht es um ihn zu seinen Äußerungen zu inspirieren und auch seinen eloquenten Bruder Aaron als seinen Sprecher zu beauftragen. Die Bedeutung dieses Dialogs zwischen Moses und Gott wird üblicherweise dadurch erklärt, dass er uns die charakteristische Sanftmut Moses offenbart. Es verdeutlicht tatsächlich diesen auffälligen Charakterzug, aber wenn es das Hauptziel des biblischen Autors wäre, die Sanftmut Moses zu loben, müssten wir kaum auf die Aussage vorbereitet sein (Exodus 4,14): „Und der Zorn des Herrn." wurde gegen Mose entzündet. Das Hauptanliegen des Bibelautors scheint eher darin zu bestehen, die offensichtliche Unmöglichkeit der Aufgabe, die Moses erfüllen sollte, hervorzuheben, um den wundersamen Charakter der Befreiung noch deutlicher hervorzuheben. Es ist bezeichnend, dass Gott die Offenbarung seines Namens verweigert, bevor Mose zum Pharao spricht, aber nachdem er seine Mission erfüllt hat, offenbart Gott ihn tatsächlich (2.

Mose 6,2). Es scheint, dass er es Mose übel nahm, dass er auf eine besondere Garantie verzichten wollte. Die Moral der Erzählung kommt vielleicht am deutlichsten in Gottes Antwort an Mose zum Ausdruck: „Wer macht einen Menschen stumm oder taub, oder sehend oder blind? Bin ich es nicht, der Herr?" Exodus 4.11.

**Ziel.** Das Ziel dieser Lektion sollte darin bestehen, dem Kind den Glauben an Gottes Macht und Vorsehung zu vermitteln, wie sie in der jüdischen Geschichte offenbart werden. Der Lehrer sollte sich bemühen, dem Kind durch Bewunderung für den Heldenmut Moses, der im Dienst Gottes das scheinbar Unmögliche versucht, das Gefühl zu vermitteln, dass es in seinem Dienst kein Scheitern geben kann. Er sollte nicht nur versuchen, die intellektuelle Zustimmung des Kindes zu der Idee zu erreichen, dass Gott alles erreichen kann, was Er vorhat, sondern er sollte auch eine emotionale Wertschätzung für jenen Heldentum wecken, der aus dem Glauben entsteht und große Männer dazu bringt, Dinge zu unternehmen, die anderen als unmöglich erscheinen würden .

**Vorschläge für den Lehrer.** Da wir dem Kind durch diese Lektion den Glauben an die göttliche Vorsehung vermitteln möchten, müssen wir uns vor jedem Versuch hüten, die in diesem und den folgenden Kapiteln beschriebenen Wunder zu rationalisieren. Diese Lektion soll den Glauben an Gottes Macht über die Natur und seinen Einsatz dieser Macht im Interesse von Gerechtigkeit und Rechtschaffenheit lehren, und keine philosophische Erklärung kann dem Kind diese Wahrheit so gut vermitteln wie die einfache, eindrucksvolle Erzählung des Wunders . Der Glaube an die übernatürliche und transzendente Macht Gottes ist im Judentum von wesentlicher Bedeutung, und die Wundergeschichte ist das beste Mittel, um diese Lehre hervorzuheben. Sicherlich kann es in einem höheren Alter notwendig sein, die eigene Vorstellung vom Wunderbaren zu modifizieren und zu vertiefen, aber das einzige Mittel, mit dem sich das Kind die transzendente Macht Gottes, die von der Vorsehung geübt wird, vorstellen kann, ist die einfache, direkte Erzählung von Wundern, die er vollbrachte. Es sollte beispielsweise nicht versucht werden, die Stimme, die Moses aus dem brennenden Dornbusch ansprach, mit der Stimme des Gewissens gleichzusetzen. Es muss eine objektive Stimme bleiben. Gottes Antwort auf Moses' Frage nach seinem Namen „Ich bin, der ich bin" wird manchmal zum Anlass für den Lehrer, sich auf den Versuch einer philosophischen Diskussion über die Natur Gottes einzulassen. Wir haben in unserer Interpretation der Passage bereits darauf hingewiesen, dass diese Worte wahrscheinlich nie dazu gedacht waren, eine solche Bedeutung zu vermitteln. Sie sind keine Antwort auf die Frage: „Wie ist Dein Name?" aber eine Weigerung, darauf zu antworten, und daher ist es nicht angebracht, ihre Bedeutung so zu interpretieren, dass sie irgendetwas über die Natur Gottes offenbart. Abgesehen von dieser

Überlegung übersteigt eine solche abstrakte theologische Diskussion jedoch die geistige Leistungsfähigkeit des Kindes und sollte stets vermieden werden. Daher ist es am besten, den Vers kommentarlos zu unterrichten, da dies allein dazu beiträgt, die Atmosphäre des Mysteriums und der Ehrfurcht zu bewahren, die die gesamte Episode umhüllt.

Beim Erzählen des Dialogs zwischen Gott und Mose kann fast durchgehend die biblische Sprache verwendet werden, und auf jeden Fall sollten die Reden im direkten Diskurs gehalten werden. Achten Sie darauf, dem Kind dabei zu helfen, den Grund für Moses Zögern zu verstehen, sowohl weil dies für ein richtiges Verständnis des Charakters von Moses notwendig ist, als auch weil es den Weg für eine bessere Wertschätzung des Wunders des Exodus ebnet. Wenn man zum Beispiel vom Ruf Gottes an Moses erzählt, könnte man ungefähr so weitermachen: „Als Mose Gott sagen hörte: ‚Gehe, ich werde dich zum Pharao senden, und du führst mein Volk, die Kinder Israels, heraus.‘ von Ägypten", sank sein Herz. Wie konnte er, ein Mann und ein Fremder, vor diesen grausamen und mächtigen König einer mächtigen Nation treten, umgeben von Höflingen, Wachen und Soldaten, und zu ihm sagen: „Lass diese Tausenden von Sklaven." Wer baut eure Städte, kommt frei?' Würde der Pharao ihm Aufmerksamkeit schenken? Also sagte Mose zu Gott: „Wer bin ich, dass ich zum Pharao gehen und die Kinder Israel aus Ägypten herausführen sollte?" Der Lehrer kann auch den Schwerpunkt der Erzählung festlegen klarer durch die Fragen, die er nach der Präsentation der Lektion stellt, wie zum Beispiel: „Was bat Gott Moses, dem Pharao zu sagen? Glaubst du, dass Pharao Israel gehen lassen würde, nur weil Moses es darum gebeten hat? Warum nicht? (Zeichnen Sie die… heraus (Die Idee war, dass Pharao es gewohnt war, dass man gehorchte und nicht befahl, und dass die Sklaverei Israels für ihn von Nutzen war.) Glaubte Moses, dass Pharao ihm gehorchen würde? Was sagte Mose zu Gott, als Gott ihm sagte, er solle zum Pharao gehen? Warum tat er das? Moses wollte nicht gehen? Wie antwortete Gott Moses, als Moses sagte, dass er kein guter Redner sei?"

# KAPITEL IV

## MOSES' ERSTER AUFTRITT VOR PHARAO
### Exodus 4,29 bis 6,8

**Deutung.** Der erste Schritt, den Moses unternimmt, scheint ein Erfolgsversprechen zu enthalten. Es gelingt ihm und Aaron, die Ältesten Israels für die Aussicht auf Befreiung zu interessieren, doch die Hoffnung, die dieser anfängliche Erfolg im Herzen Moses weckte, sollte bald enttäuscht werden, denn Pharao lehnte nicht nur die gemäßigte Bitte einer dreitägigen Reise ab in die Wildnis, sondern legt den Israeliten auch neue und unmögliche Bürden auf. Dies hat unmittelbar zur Folge, dass Mose und Aaron in den Augen des Volkes diskreditiert werden, selbst in den Augen der israelitischen Aufseher, die versucht hatten, für ihre Brüder beim Pharao zu intervenieren, und die nun Mose und Aaron als Feinde des Volkes bezeichnen . In völliger Verzweiflung reicht er seine Beschwerde vor Gott ein, und an diesem Punkt gewährt ihm Gott die Offenbarung seines Namens, die er zunächst zurückgehalten hatte, und versichert ihm die Erfüllung des Bundes mit den Patriarchen. Moses ließ sich von der Härte des Herzens des Pharao nicht entmutigen, denn selbst dies sollte nur den wundersamen Charakter der Flucht Israels hervorheben. Dies ist die Bedeutung der Verse in Exodus 6,1 und 7,3-5.

**Ziel.** Das Ziel dieses Kapitels ist dasselbe wie das des vorangegangenen. Darüber hinaus sollte es genutzt werden, um Ehrfurcht vor dem Namen Gottes zu lehren.

**Vorschläge für den Lehrer.** Bevor Sie mit dieser Lektion beginnen, erinnern Sie sich anhand einiger Fragen an die Hauptpunkte der vorherigen Lektion und legen Sie dabei besonderen Wert auf die Schwierigkeiten der Aufgabe, die Moses ausführen sollte. Erzählen Sie dann, wie die Hoffnungen Moses durch seine Begegnung mit Aaron geweckt wurden, und noch mehr durch den Empfang, den ihm die Ältesten Israels bereiteten, die sich daran erinnerten, von der Prophezeiung gehört zu haben, dass Israel aus Ägypten herausgeführt werden und in das versprochene Land ziehen sollte Abraham, Isaak und Jakob. Das Gespräch zwischen Moses und Pharao muss im direkten Gespräch und in der Sprache der Bibel geführt werden. Den Kindern muss das Dilemma bewusst gemacht werden, in dem sich die jüdischen Aufseher des Werkes befanden, da sie für die unmöglichen Aufgaben, die sie von den Menschen abverlangen mussten, zur Rechenschaft gezogen wurden. Ihre Bitte an den Pharao und die Erwiderung des Pharaos müssen ebenfalls im direkten Diskurs und in einer Sprache erfolgen, die der der Bibel nahekommt, jedoch etwas expliziter, damit die Beweggründe für die Kinder klar sind, also: „Nun, wenn die hebräischen Aufseher das Werk beauftragen." Als sie sahen, dass sie brutal geschlagen wurden, weil die Kinder Israels das Unmögliche nicht schaffen und Ziegel ohne Stroh herstellen konnten, dachten sie, sie würden vor den Pharao treten und mit ihm reden; also kamen sie und sagten: „Oh König, warum tust du das?" So wird deinen Knechten kein Stroh gegeben, und doch sagst du zu uns: „Sorge dafür, dass sie Ziegel machen", und wenn sie nicht die Anzahl Ziegel herstellen, die du benötigst – denn sie können nicht die gleiche Anzahl herstellen, wenn sie nehmen müssen die Zeit, selbst das Stroh einzusammeln – die Schuld liegt bei uns, ihren Aufsehern, und wir werden ungerecht bestraft.' Der Pharao wollte nicht auf die Vernunft hören, sondern wurde vor Zorn rot im Gesicht und sagte mit lärmender Stimme: „Ihr seid müßige Kerle, müßige! Darum sucht ihr nach Ausreden, um nicht zu arbeiten, indem er sagt: Kommt, lasst uns dem Opfer opfern." Herr! Und nun geh an deine Arbeit, und dir wird kein Stroh gegeben, und du sollst die gleiche Anzahl Ziegel liefern wie zuvor, als das Stroh gegeben wurde.'"

Dies bereitet den Weg für die Erklärung der veränderten Einstellung des Volkes zu Mose, wie in Genesis 5 gezeigt. 21. Die Worte der Aufseher an Mose sollten etwas umschrieben werden, da die Kinder die Bildsprache möglicherweise nicht verstehen, also: „ Möge der Herr erscheinen und dich richten, denn du hast uns bei Pharao einen schlechten Ruf verschafft, und anstatt dein Versprechen zu halten, uns aus Ägypten zu befreien, hast du Pharao einen Vorwand gegeben, uns schlimmer zu behandeln, als wir jemals zuvor behandelt wurden." Beschreiben Sie dann die Gefühle von Moses, als er diese Worte hörte, und wie es ihm damals vorgekommen sein muss, als sei das Ziel, nach dem er strebte, weiter entfernt als je zuvor. Der Pharao hatte seiner Bitte nicht nur nicht stattgegeben, sondern die einzige Wirkung seines Flehens bestand darin, die Lasten des Volkes zu erhöhen, die er zu lindern versucht hatte, so dass sich sein eigenes Volk nun gegen ihn wandte.

Dies bringt den Lehrer zur Erzählung von Gottes Offenbarung seines Namens an Moses, deren Bedeutung ich im vorherigen Kapitel erklärt habe. Wie bereits erwähnt, sollte das Hauptziel beim Unterrichten des Kindes darin bestehen, Ehrfurcht vor dem Namen Gottes zu wecken. Ein zweites Ziel sollte sein, das Kind von der Größe Moses zu beeindrucken. Dies kann sehr leicht erreicht werden, indem man diese Lektion etwa wie folgt darstellt: „Dann sagte Gott Moses seinen Namen, seinen Namen, den er noch keinem anderen Menschen gesagt hatte, nicht einmal Abraham, Isaak und Jakob. Er hatte sich ihm bekannt gemacht." sie als Gott, den Allmächtigen, und mit vielen verschiedenen Namen, aber seinen wahren Namen hatte er ihnen nicht gesagt. Diesen Namen, Kinder, habt ihr noch nie gehört, obwohl ihr ihn wahrscheinlich alle gesehen habt." (Der Lehrer lässt sie dann ihre Gebetbücher am שְׂיִ ○ רָאֵל öffnen מַע שְׁ , oder, wenn sie keine Bücher bei

sich haben, hält er ein Buch bereit, das er an dieser Stelle aufschlägt. Er lässt eines der Kinder den ersten Vers des שְׁ מַע vorlesen .) „Nun wissen Sie alle, dass wir das dritte Wort in diesem Vers , adonoy ' lesen, aber das ist doch nicht das, was die vier Buchstaben dieses Wortes יהוה bedeuten, oder? ? Man würde erwarten, dass das Wort יהוה geschrieben wird, nicht wahr? Nun, diese vier Buchstaben, aus denen dieses dritte Wort des אֲדֹנָי besteht , buchstabieren den Namen, den Gott Moses sagte, aber wir, keiner von uns, sagen diesen Namen. Stattdessen wir Sagen Sie „ adonoy ", was „Der Herr" bedeutet, denn es ist nicht respektvoll, Gott bei seinem Namen zu nennen."
[8] Der Lehrer fragt dann eines der Kinder, wie sein Vater und seine Mutter heißen. „Wenn Sie mit Ihrem Vater und Ihrer Mutter sprechen, nennen Sie sie dann beim Namen? Wie nennen Sie sie? Wenn Menschen mit einem König sprechen , nennen sie ihn nie beim Namen, sondern nennen ihn ,Eure Majestät'." Ein Richter an einem Gericht wird niemals namentlich genannt, er wird „Euer Ehren" genannt. Der Präsident der Vereinigten Staaten wird nicht namentlich angesprochen, sondern mit „Mr. President". Dies alles geschieht als Zeichen der Ehre und des Respekts, und aus dem gleichen Grund nennen wir Gott nicht bei seinem Namen, sondern sprechen von ihm als dem Herrn, Gott, dem Ewigen usw., um unseren Respekt und unsere Ehrfurcht zu zeigen Aber als Gott sah, wie treu Mose ihm gehorcht hatte, obwohl ihm dieser Gehorsam nichts als Kummer bereitet hatte, liebte er Mose so sehr, dass er ihm seinen Namen nannte, um zu zeigen, dass er Mose wie einen Freund behandelte, der ihn anrufen konnte Er wollte Moses das Gefühl geben, dass es keinen Unterschied machte, selbst wenn Pharao sein Feind war und ob sich die Israeliten selbst gegen ihn wandten, denn Moses hatte immer noch einen Freund, der ihm immer zur Seite stehen würde , Gott selbst. Er nannte ihm daher seinen Namen und gab ihm die Erlaubnis, ihn zu verwenden, um mit den Kindern Israels zu sprechen, damit sie alle wüssten, dass Gott mit ihm war und ihm helfen würde, und er sagte: „Ich bin der." „Herr; und ich erschien Abraham, Isaak und Jakob als Gott, der Allmächtige, aber durch meinen Namen machte ich mich ihnen nicht bekannt" usw. bis zum Ende von Vers 9. Als wir die Lektion mit den Kindern besprachen, Weisen Sie auf die Sündhaftigkeit hin, den Namen Gottes zu missbrauchen, auch wenn er auf die anderen Namen Gottes außer dem Tetragrammaton ( יהוה ) angewendet wird.

---

# KAPITEL V

## DIE Plagen
### Exodus 6,9 bis 10,29

**Deutung.** Die Bedeutung dieser Kapitel ist klar. Sie enthalten die Erzählung des Kampfes zwischen dem Pharao und seinem Hofstaat mit all seinen magischen Mitteln einerseits und Moses, bewaffnet mit dem Namen Gottes, andererseits. Dem Leser sollte die dramatische Schilderung der Ohnmacht blinder, tyrannischer Wut nicht entgehen, die zwischen halbherzigen Zugeständnissen, die den Widerstand nicht befriedigen können, und blinder Wut, die bloß zum Widerstand aufruft, schwankt. Mit der zweiten Plage ist der Pharao bereit, Moses' Forderung zu erfüllen, aber er bleibt dieser Absicht nur so lange treu, bis die Plage beseitigt ist. Dann setzt sich in seiner scheinbaren Sicherheit sofort wieder die Gewohnheit der Tyrannei durch und er weigert sich erneut, Israel ziehen zu lassen. Mit der vierten Plage bietet der Pharao als Kompromiss an, dass die Israeliten ihrem Gott in Ägypten opfern könnten. Diesen Kompromiss lehnt Moses ab und begründet dies kühn damit, dass ein solches Vorgehen die Tötung des „Gräuels", *d. h. , mit sich bringen würde . e. ,* die Götter, der Ägypter, etwas, das das ägyptische Volk nicht ertragen wollte. Daraufhin willigt der Pharao ein, die Israeliten ziehen zu lassen: „Geht nur nicht in die Ferne", aber mit der Beseitigung der Pest wird dieses Zugeständnis wieder zurückgezogen. Nach der siebten Plage ist der Pharao gemäß der eindringlichen Forderung seines Hofes zu weiteren Zugeständnissen bereit. Er ist bereit, die Männer gehen zu lassen, vorausgesetzt, sie lassen die Frauen und Kinder als Geiseln zurück und warten auf ihre Rückkehr. Als dieses Zugeständnis abgelehnt wird, führt ihn seine Wut erneut zu einem wahnsinnigen Trotz. Die neunte Plage lässt ihn erneut versuchen, Mose und Aaron zu besänftigen. Er ist nun bereit, sogar die Frauen und Kinder gehen zu lassen, nur das Vieh muss in Ägypten bleiben. Aber Moses ist standhaft; das Vieh wurde zum Opfern benötigt. Nichts weniger als ein vollständiger Exodus des gesamten Volkes mit seinem Besitz für eine dreitägige Reise in die Wildnis, um Gott auf seinem heiligen Berg anzubeten, würde Moses zufriedenstellen. Tatsächlich schlägt er sogar vor, dass der König selbst Tiere für das Opfer bereitstellen sollte. Dann begeht der wütende Pharao seine letzte Indiskretion und verkündet Mose und Aaron: „Geh von mir, nimm dich in Acht, sieh mein Angesicht nicht mehr; denn an dem Tag, an dem du mein Angesicht siehst , wirst du sterben." Damit sind alle Verhandlungen zwischen ihnen abgeschlossen. Moses akzeptiert sein Ultimatum. „Du hast gut gesprochen; ich werde dein Angesicht nie wieder sehen." Von nun an wird nicht einmal eine dreitägige Reise in die Wildnis ausreichen. Der Pharao hatte sein eigenes Urteil ausgesprochen, ein Urteil, das die Willkürlichen und Tyrannen immer über sich selbst fällen, wenn sie von den Protagonisten der Vernunft und der Gerechtigkeit bekämpft werden.

**Ziel.** Das Ziel dieses Kapitels, wie auch aller Kapitel, die zum Ereignis des Exodus führten, besteht darin, dem Kind den Glauben an Gottes Vorsehung zu vermitteln, die im Interesse von Freiheit und Gerechtigkeit über Israel im Besonderen und über die Menschheit im Allgemeinen ausgeübt wird.

**Vorschläge für den Lehrer.** In Büchern über die Lehre der biblischen Geschichte wird manchmal vorgeschlagen, die Geschichte der Plagen leichtfertig und ohne viel Liebe zum Detail zu übergehen. Das wäre ein Fehler. Die Geschichte der Pest übt auf kleine Kinder eine große Faszination aus, die gleiche Faszination, die die Werke der Feen und Hexen in ihren Lieblingsmärchen auf sie ausüben. Der geschickte Lehrer wird das angeborene Interesse am Wunderbaren optimal nutzen, indem er es dazu nutzt, den Geist ehrfürchtiger Ehrfurcht zu stärken, den er mit dem Gedanken an Gott zu verbinden versuchen muss. Beim Erzählen jeder dieser Plagen reicht es nicht aus, zu beschreiben, was passiert ist, sondern der Lehrer muss dabei helfen, dem Kind klar zu machen, was die Plagen für Ägypten bedeuteten. Wenn wir also die erste Plage lehren, sollten wir uns darüber im Klaren sein, wie unverzichtbar Wasser ist und welche Not es mit sich bringt, wenn den Menschen für längere Zeit das Wasser entzogen wird.

Das Interesse der Kinder an den Plagen darf jedoch nicht nur auf ihrem Interesse am Wunderbaren beruhen. Bemühen Sie sich, sie vor allem für den Kampf zwischen Gott und Pharao zu interessieren. Alle Gespräche zwischen Pharao und Moses müssen so nah wie möglich in der Sprache der Bibel erzählt werden, damit das Kind die Stärke der festen Beharrlichkeit Moses und die Schwäche der schwankenden und abwartenden Haltung des Pharao spüren kann. Sofern das Kind am Ende der Lektion nicht von Bewunderung für Moses und Verachtung für den Pharao erfüllt ist, hat der Lehrer die Lektion nicht gut vermittelt.

Da es in der jüdischen und allgemeinen Literatur so viele Anspielungen auf die zehn Plagen gibt, sollte dem Kind beigebracht werden, sich an sie in der richtigen Reihenfolge zu erinnern. Dies lässt sich am besten erreichen, indem man jede Plage mit einem einzigen Wort oder einem kurzen Satz benennt, wie in der Pessach-Haggada, und sie folgendermaßen an die Tafel schreibt:

    1. Blut.         6. Furunkel.

    2. Frösche.     7. Hagel.

3. Mücken.            8. Heuschrecken.

4. Fliegen.            9. Dunkelheit.

5. Pest unter Rindern. 10. Tod des Erstgeborenen.

---

# KAPITEL VI

## DER EXODUS
### Exodus 11,1 bis 13,16

**Deutung.** Diese Kapitel beziehen sich auf den Höhepunkt, auf den die Erzählung von der Geburt Moses bis zu diesem Zeitpunkt hinführte: den Auszug aus Ägypten. Sie enthalten auch die Gesetze, die mit dem Gedenken an dieses Ereignis verbunden sind. Die Erzählung beginnt mit der Erzählung von Gottes Versprechen, dass die nächste Plage die letzte sein würde, und seinem Befehl an das Volk, sich auf den Exodus vorzubereiten. Bevor sie gehen durften, mussten sie ihren Glauben an Gottes Befreiung und ihre Bereitschaft, seiner Führung zu folgen, zum Ausdruck bringen. Deshalb haben wir den Befehl, am zehnten Tag des Monats, der ihr neues Zeitalter beginnen sollte, ein Lamm zu nehmen, es am 14. zu opfern und das Fleisch davon in Familiengruppen in dieser Nacht zusammen mit bitteren Kräutern zu essen und ungesäuertes Brot, die fortan als Symbole der Knechtschaft und der Befreiung daraus dienen sollten. Das Blut dieses Opfers sollten sie an die Türpfosten ihrer Häuser sprengen, um durch dieses Ritual ihren Wunsch zu bezeugen, in die „Armee des Herrn" aufgenommen zu werden, die am nächsten Morgen abziehen sollte, und alle, die dies nicht taten Wenn sie auf diese Weise ihr Festhalten an der Sache Israels bezeugten, würde ihnen das gleiche Schicksal widerfahren wie den Ägyptern, mit denen sie sich identifizieren wollten. Die Israeliten sollten das Lamm essen, während sie mit gegürteten Lenden und Stöcken in den Händen standen und auf das Signal zum Aufbruch warteten. Die Rabbiner machen darauf aufmerksam, dass das Opfer des Osterlamms in Ägypten durch die Israeliten ein sehr kühner Ausdruck ihres Glaubens war, da das Schaf zu den heiligen Tieren Ägyptens gehörte. Als der Pharao Moses vorschlägt, dass die Israeliten ihrem Gott in Ägypten opfern könnten, antwortet er: „Seht, wenn wir den Gräuel der Ägypter vor ihren Augen opfern, werden sie uns dann nicht steinigen?" (Exodus 8, 22.) Aber zu diesem Zeitpunkt waren Pharao und Ägypten durch die Plagen, die nicht einmal ihren heiligen Fluss Nil verschonten, so gedemütigt worden, dass die Ägypter Angst hatten, die Israeliten anzugreifen, während die Kinder Israels ihr verlorenes Vertrauen wiedererlangt hatten in Mose und in dem Gott, in dessen Namen er zu ihnen redete.

Zu den Gesetzen und Bräuchen, die mit den Ereignissen dieses Kapitels verbunden sind, gehören: 1. Das Gesetz, das den ersten Nisan als „Neujahr für Monate" festlegt, zum Gedenken an den Beginn des neuen Zeitalters in der Geschichte Israels; 2. das jährliche Opfer des Osterlamms, das im Familienkreis zusammen mit bitteren Kräutern und ungesäuertem Brot gegessen wurde, um an die ähnlichen Bräuche der Israeliten vor dem Auszug aus Ägypten zu erinnern; [9] 3. die siebentägige Feier [10] des Passahfestes durch die vorherige Entfernung jeglichen Sauerteigs und die Enthaltung davon während des Festes und durch das Essen ungesäuerter Brote zum Gedenken an die Eile des Abzugs Israels, der dies nicht tat ihnen gestatten, andere Vorkehrungen zu treffen; 4. die Pflicht, den eigenen Kindern diese Ereignisse zu erzählen, die den Anlass für das Haggada-Gebet in der Pessach-Nacht gaben; 5. die Heiligung der Erstgeborenen von Rindern und Menschen in Anerkennung des vorsehungsgemäßen Charakters der zehnten Plage, wobei letzterer Brauch in der Praxis von „pidyon ha-ben", „der Erlösung der Erstgeborenen", überlebt hat, und 6. die Anweisung, aus diesem Gebot „ein Zeichen auf deiner Hand und Stirnbändern zwischen deinen Augen" zu machen, was zur Einbeziehung der Passage mit diesen Worten und dem Gebot führte, die Erstgeborenen unter denen, die im Tephillin eingeschlossen sind, zu *heiligen* und machen sie so zum Thema der täglichen Reflexion. Zusätzlich zu diesen Praktiken ist es bemerkenswert, dass der Sabbat und die Feiertage, auch solche mit anderen historischen Assoziationen, in unserer Liturgie als מִצְרַיִם bezeichnet werden זֵכֶר לִיצִיאַת

„ Denkmäler des Auszugs aus Ägypten." Die Vielzahl der Bräuche, die uns auf diese Weise an den Exodus erinnern sollen, zeugen von der Bedeutung der mit diesem Ereignis verbundenen Leitidee für das jüdische Volk zu allen Zeiten, nämlich der Gleichsetzung der Sache Israels mit der Sache Gottes. „Und ich werde euch zu einem Volk für mich machen, und ich werde für euch ein Gott sein, und ihr werdet erkennen, dass ich der Herr bin, euer Gott, der euch aus der Last der Ägypter herausgeführt hat." (Exodus 6. 7.)

**Ziel.** Das Ziel dieser Lektion sollte darin bestehen, dem Kind seine Identität mit Israel und die Pflicht der Dankbarkeit und Loyalität bewusst zu machen, die ihm dies im Hinblick auf die Erlösung Israels durch Gott auferlegt.

**Vorschläge für den Lehrer.** Die Verbindung des Exodus mit dem Passahfest ist die offensichtliche Methode, um einen Kontakt zwischen dem in dieser Lektion behandelten Thema und dem jüdischen Kind von heute herzustellen. Dennoch ist es besser, die Feste des Pessachfestes nicht als technischen „Kontaktpunkt" für die Einleitung der ursprünglichen Präsentation der Lektion zu verwenden, da dies die eigentliche Erzählung zu lange verzögern würde, sondern sie als Einleitung für die Diskussion zu nutzen Nachdem der Lehrer seine Geschichte erzählt hat, bespricht er das Thema in der Klasse.

Um die Erzählung selbst einzuleiten, reicht ein Verweis auf frühere Lektionen aus, da die letzten Lektionen alle die in diesen Kapiteln erzählten

Ereignisse vorweggenommen haben. Dies gelingt dem Lehrer am besten durch ein paar einleitende Fragen, wie zum Beispiel: „Warum schickte Gott die Plagen, von denen wir in unserer letzten Lektion erfahren haben, gegen Ägypten?" (Stellen Sie die Antwort heraus, dass es nicht nur darum ging, die Ägypter zu bestrafen, sondern um den Pharao zu zwingen, die Israeliten zu befreien.) Als Moses nach der neunten Plage das Angebot des Pharaos ablehnte, die Israeliten ziehen zu lassen, unter der Bedingung, dass sie ihr Vieh und ihren Besitz zurückließen , was sagte Pharao? Wie antwortete Moses ? Der Lehrer fährt dann fort:

> „Als Pharao Mose und Aaron von sich vertrieb und ihnen befahl, nie wieder vor ihn zu kommen, sonst würde er sie töten lassen, war klar, dass es keinen Sinn mehr hatte, mit ihm zu streiten . Gott hatte ihm viele Chancen gegeben, sich zu ändern." Er änderte seine Haltung und ließ die Israeliten in Frieden ziehen, um ihm in der Wüste zu dienen, aber der Pharao wollte nicht hören und nun beschloss Gott, eine weitere Plage über Ägypten zu schicken, so schrecklich, dass der Pharao gezwungen sein würde, die Israeliten ziehen zu lassen."

Wenn Sie von der Opferung des Osterlamms und dem Besprengen der Türpfosten mit Blut erzählen, sollten Sie sich davor hüten, dem Kind den Eindruck zu vermitteln, dass Gott wirklich ein Zeichen brauchte, um das hebräische vom ägyptischen Haus zu unterscheiden. Dies kann dadurch geschehen, dass Gott den Glauben der Israeliten im erwarteten Exodus durch ihre Bereitschaft, diese Vorbereitungen zu treffen, auf die Probe stellen wollte. Das Besprengen der Türpfosten mit Blut sollte ein Zeichen dafür sein, dass die Bewohner des Hauses wollten, dass es als hebräisches Haus betrachtet wird. Wenn sie jedoch bereit wären, in Ägypten zu bleiben und nicht darauf vertrauen würden, dass Gott sie herausführt, würden sie dies natürlich tun Sie würden diese Vorbereitungen nicht treffen und hätten es verdient, wie alle anderen Ägypter behandelt zu werden.

Machen Sie auf die veränderte Haltung des Volkes gegenüber Mose und Aaron aufmerksam, seit Gott seine Macht in den Plagen gezeigt hatte, denn zunächst wollten sie ihnen „aus Ungeduld des Geistes und aus grausamer Knechtschaft" nicht zuhören, und nun gehorchten sie ihnen kleinste Anweisungen Moses im Vorgriff auf den Auszug.

Versuchen Sie nach Abschluss der Erzählung, ihre Moral im Zusammenhang mit der Feier des Pessachfestes deutlich zu machen, damit diese Feier in ihrer jährlichen Wiederkehr durch die Verknüpfung von Ideen die Lektion, die Sie lehren, verstärken kann. Sprechen Sie mit der Klasse etwa so: „Können Sie sich vorstellen, wie glücklich unsere Vorfahren waren, als sie das Signal erhielten, Ägypten zu verlassen? Denken Sie darüber nach, was für eine Veränderung es für sie bedeutete. Sie mussten nicht mehr früh morgens aufstehen und arbeiten." Sie arbeiten, arbeiten den ganzen Tag für den Pharao und erhalten nichts für ihre Arbeit. Sie würden nicht länger einen Aufseher haben, der mit einer Peitsche über ihnen stünde und bereit wäre, sie grausam zu schlagen, wenn sie nicht die erforderliche Anzahl an Ziegeln fertiggestellt hätten, obwohl dies vielleicht der Fall gewesen wäre zu alt oder zu krank dafür. Sie müssten nicht mehr tun, was die Ägypter ihnen befohlen hätten, und müssten nicht einmal mehr fürchten, ihrem Gott zu opfern, damit der ägyptische Götzenanbeter sie nicht steinige. Natürlich in der Wildnis hinein wohin sie gingen, und selbst im Gelobten Land, in das Gott sie führte, mussten sie hart als Hirten und Bauern arbeiten, aber sie würden ihre eigenen Herden und Rinder hüten und auf ihren eigenen Höfen arbeiten. Niemand konnte jetzt befehlen Sie umgaben sie für seine selbstsüchtigen Zwecke, und sie konnten ihrem Gott ohne Einmischung gehorchen und ihm dienen, konnten an seinen heiligen Tagen ruhen und opfern, wann und wo sie wollten. Glaubst du nicht, dass du, wenn du damals in Ägypten gelebt hättest, Gott gegenüber glücklich und dankbar gewesen wärest und immer bereit gewesen wärest, Seine Wünsche zu erfüllen, weil er dich aus der Sklaverei in die Freiheit geführt hat? Würden Sie nicht jedes Jahr, wenn der fünfzehnte Nisan kam, das Gefühl haben, dass Sie ihn als einen großen, freudigen Feiertag feiern möchten, an dem Sie Gott für die glückliche Veränderung danken würden, die er in Ihr Leben gebracht hat? Wenn Sie Kinder hätten, würden Sie nicht müde, ihnen die Geschichte zu erzählen, besonders am Jahrestag des großen Ereignisses, damit auch sie Gott für die Freiheit danken, die sie genießen dürfen? Nun, das haben unsere Vorfahren getan. Jedes Jahr feierten sie den Auszug aus Ägypten und erzählten ihren Kindern die Geschichte des Auszugs aus Ägypten und lehrten sie, ihn zu feiern, und so wurde die Feier dieses Tages bis heute beibehalten, und ich hoffe, Sie werden es tun Bringen Sie Ihren Kindern eines Tages bei, es zu beobachten. Kann mir jemand von euch den Namen dieses Festivals sagen? Als unsere Väter die Geschichte von Gottes Befreiung Israels aus Ägypten erzählten , versuchten sie, alles zur Hand zu haben, was sie an alles erinnern würde, was an diesem großen Tag geschehen war. Um sie an das Lamm zu erinnern, das sie geschlachtet hatten, opferten sie in alten Zeiten ein Lamm und aßen es in ihren Familiengruppen, genau wie sie es in Ägypten getan hatten; und später, als keine Opfer mehr dargebracht wurden, hatten sie, wie wir es heute haben, als Erinnerung daran in den ersten beiden Nächten des Pessachfestes einen gebratenen Lammknochen auf ihrem Tisch. Um sie an die Eile zu erinnern, mit der sie Ägypten verließen, ohne ihr Brot aufsäuern zu können (der Lehrer muss die Bedeutung des Wortes Sauerteig erklären), machten sie es zum Gesetz, während dieses Festes *Ma ẕẕ ot ẕu essen* . Können Sie mir einige der anderen Dinge am Seder-Tisch zu Pesach erzählen? (Wenn sie erwähnt werden, lassen Sie den Lehrer ihre Bedeutung erklären.) Als Sie all diese Dinge am Seder-Tisch sahen, hatten Sie da nicht immer das Gefühl, zu fragen, was sie alle zu bedeuten haben? Wie viele von euch haben jemals das נִשְׁ, תַּנָּה gesagt? מַה am Seder-Abend? Nun, das enthält eine Reihe solcher Fragen. Als du damit fertig warst, fing dein Vater an, aus der Haggada vorzulesen, nicht wahr? Er las die Antwort vor, die erklärt, warum wir Pessach feiern, und so beginnt es: „Sklaven waren wir im Land Ägypten, und der Herr, unser Gott, führte uns mit mächtiger und ausgestreckter Hand von dort heraus." Arm, und wenn der Heilige, gesegnet sei Er, unsere Vorfahren nicht aus Ägypten herausgeführt hätte, wären wir und unsere Kinder und Kindeskinder möglicherweise immer noch in der Knechtschaft der Pharaonen in Ägypten geblieben. Selbst wenn wir alle große Gelehrte wären, alle Menschen mit Verstand, alle in der Thora bewandert, wäre es dennoch unsere Pflicht, über den Auszug aus Ägypten zu erzählen , und je mehr man über den Auszug aus Ägypten erzählt, desto mehr einer ist zu loben."'

Die Kinder sollten ermutigt werden, sehr offen über die Feier des Pessachfestes zu sprechen, wie sie in ihren eigenen vier Wänden begangen wird, da dies eine ausgezeichnete Gelegenheit ist, ihren Schulunterricht mit ihrem Privatleben zu verbinden.

# Kapitel VII

## ISRAEL AM ROTEN MEER
### Exodus 13.17 bis 15.21

**Deutung.** Mit diesem Kapitel beginnt eine neue Periode in der jüdischen Geschichte, die prägende Periode, in der die unorganisierte Horde von Flüchtlingen aus der ägyptischen Knechtschaft durch die glücklichen Umstände ihrer Geschichte und das inspirierte Genie ihres Anführers den Charakter einer großen Nation erhält. Diese Zeit ist voller Wunder. Der moderne Rationalismus versucht möglicherweise, sie wegzuerklären, und es ist durchaus möglich, dass Ereignisse, die wir, wenn wir sie erlebt hätten, dem Wirken von Naturgesetzen zugeschrieben hätten, von unseren Vorfahren mit ihrem begrenzteren Wissen über die Natur als Wunder empfunden wurden. und wurden als solche angesehen. Aber wie auch immer wir uns die Vorfälle vorstellen mögen, wir müssen in ihnen die Hand der Vorsehung erkennen und nicht nur einen historischen Zufall. Wenn wir wollen, können wir die Teilung des Roten Meeres als ein Gezeitenphänomen betrachten, die Wolken- und Flammensäule als eine Vulkanwolke, aber in diesem Fall müssen wir glauben, dass dieses Gezeitenphänomen und diese Vulkanwolke dafür geschaffen wurden die Führung unseres Volkes. Kein Lehrer, dem es an dem Glauben mangelt, dass die verschiedenen Wechselfälle unseres Volkes in der Wildnis dazu gedacht waren, es zu bewahren und auf seine historische Karriere als Fahnenträger der Tora vorzubereiten, kann diesen Abschnitt unserer Geschichte angemessen lehren Bei einer solchen Vorstellung wäre ein Großteil der aufgezeichneten Ereignisse bedeutungslos.

Die Kapitel dieser Lektion enthalten Erfahrungen und Überlegungen, die typisch für die gesamte Zeit der Wildnis sind. Beachten Sie zu Beginn die Erklärung für den Umweg der Israeliten, in der der grundlegende Grund für diese ganze Zeit der Prüfungen und Wechselfälle dargelegt wird. Sie sollten nicht auf dem Weg über Philister ins Gelobte Land gehen, weil dieser Weg zu kurz war und sie bei der ersten Zurückweisung versucht sein könnten, nach Ägypten zurückzukehren, da nur das, was mit Mühe gewonnen wurde, erreicht werden konnte und Opfer können voll und ganz geschätzt werden. Wie wichtig es ist, diesen psychologischen Faktor zu berücksichtigen, wird am Verhalten Israels am Roten Meer deutlich, als das erste Hindernis, das sich ihnen in den Weg stellt, dazu führt, dass sie gegen die Führung Moses murren und ihre gegenwärtige Situation abfällig mit der früheren vergleichen war ihr Los in Ägypten. Dies ist ein Zustand, den wir in der Geschichte dieser Zeit immer wieder antreffen, und er unterstreicht den Vorsehungscharakter jener Ereignisse, die diese Sklavenhorde mit dem Stempel der Sklaverei im

Herzen in eine siegreiche Nation verwandeln konnten, die sich dessen bewusst ist eine großartige historische Mission.

**Ziel.** Ziel dieser Lektion ist es, dem Kind den Glauben an die Vorsehung Gottes über sein Volk Israel zu vermitteln.

**Vorschläge für den Lehrer.** Beginnen Sie die Lektion, indem Sie darauf hinweisen, dass Gott sein Versprechen erfüllt hat, die Israeliten aus Ägypten zu befreien. Aber wohin sollten sie jetzt gehen? Erinnern Sie sich durch Fragen an Gottes Versprechen an die Patriarchen, den Israeliten Kanaan zu geben. Erinnern Sie sich auch an Jakobs Wunsch, in Palästina begraben zu werden, und an Josephs ähnliche Bitte. Suchen Sie dann auf der Karte nach Palästina und Ägypten und zeigen Sie anhand der Meilenskala an, wie weit sie voneinander entfernt sind. Beachten Sie, dass die Israeliten, wenn sie auf ihrer Reise zwanzig Meilen pro Tag zurücklegen könnten, etwas mehr als zwei Wochen brauchen würden, um die Reise abzuschließen. „Aber", fahren Sie fort, „Gott führte sie nicht direkt in das Land Kanaan, weil das Volk nicht bereit war, ein eigenes Land zu behalten." Um den Grund zu verdeutlichen, kann man die folgende Abbildung verwenden:

„Wenn man den Käfig eines Kanarienvogels öffnet, der in einem Käfig geboren und aufgewachsen ist, wird er nicht sofort herausfliegen und wegfliegen; er bleibt eine Zeit lang im Käfig und hat Angst, ihn zu verlassen, und dann wird er schüchtern ein wenig hinausgehen." Weg und wenn irgendetwas ihm Angst macht, wird er sich in seinen Käfig zurückbeeilen. Nun waren die Israeliten in Ägypten gewesen wie ein eingesperrter Vogel. Sie hatten nicht die Freiheit, dorthin zu gehen, wohin sie wollten, und zu tun, was sie wollten. Dann waren sie plötzlich frei Aber sie waren es so gewohnt, dass ihnen die Ägypter immer sagten, was sie tun sollten, dass sie Angst hatten, Dinge selbst zu tun, und tatsächlich nicht wussten, wie. Gott wusste das, wenn sie nach Kanaan kämen, und sie sahen es dort Wenn ein Heer der Kanaaniter gegen sie in die Schlacht käme, wären sie so verängstigt, dass sie, anstatt kühn und tapfer gegen sie zu kämpfen, sofort nach Ägypten zurückkehren und Sklaven des Pharao werden würden, so wie der Vogel in den Käfig zurückkehrt wenn es Angst hat. Gott beschloss daher, sie nicht sofort in ihr eigenes Land zu bringen, sondern sie auf einem Umweg mit vielen Wendungen und Wendungen zu führen , so dass sie nicht wüssten, wie sie nach Ägypten zurückkehren könnten, wenn sie wollten tun Sie dies." (Zeigen Sie auf der Karte den möglichen direkten Weg zu den Israeliten und den tatsächlichen Weg, den sie genommen haben.) „Und jetzt werde ich Ihnen etwas erzählen, das passiert ist, das Ihnen zeigen wird, was viele der Israeliten bei der allerersten Schwierigkeit wollten nach Ägypten zurückzukehren und wie Gott sie aus ihren Schwierigkeiten rettete.

Erzählen Sie dann die Geschichte ihrer Wanderungen, geleitet von der Wolken- und Feuersäule, der Verfolgung des Pharaos und der Überquerung des Roten Meeres. Betonen Sie das Dilemma, mit dem die Israeliten am Roten Meer konfrontiert waren, und ihren daraus resultierenden Geisteszustand, der in Exodus 14,10-12 offenbart wird. Diese Beschwerden sollten in der Sprache der Bibel zitiert werden. Die Kinder müssen sich möglicherweise die Antwort von Moses merken, die die Botschaft der Lektion zusammenfasst: „Steht still und seht die Erlösung des Herrn." Lesen Sie der Klasse das Lied von Moses vor und ermutigen Sie sie, Lieblingsverse aus dem Lied auswendig zu lernen.

# KAPITEL VIII

## VOM ROTEN MEER ZUM SINAI
### Exodus 15.22 bis 18.27

**Deutung.** Die Bedeutung der Ereignisse, die sich in Mara, in der Wüste Sin und in Rephidim ereigneten, ist dieselbe wie die im vorhergehenden Kapitel aufgezeichneten. Die Feindseligkeit gegenüber Amalek, die ihn zum Vorbild aller historischen Feinde Israels machte, lässt sich aus der Tatsache erklären, dass er der erste war, der sich alle Mühe gab, sich Israel entgegenzustellen und es dort anzugreifen, wo es gerade schwach war Und zwar auf eine Art und Weise, die den Israeliten aufgrund des Fehlens einer offensichtlichen Provokation den Eindruck vermittelte, sie seien ein direkter Versuch, Gottes Absicht, sie aus Ägypten zu vertreiben, zunichte zu machen. Dies wird durch die Worte angedeutet: „Die Hand auf dem Thron des Herrn; der Herr wird von Generation zu Generation Krieg mit Amalek führen." (Exodus 17, 16.) So sagt Ibn Esra in seinem Kommentar zu Exodus 17, 14: „Der Grund dafür, dass Gott sagte: 41 wird das Andenken an Amalek völlig auslöschen, liegt darin, dass er den Herrn für die Herzöge von herausgefordert hat." Edom hatte Angst vor ihm gehabt wegen der Wunder, die er in Ägypten und am Roten Meer vollbracht hatte, und auch Moab und Philister, und siehe, dieser Amalek hörte von den mächtigen Taten des Herrn für ihn Sein Volk, Israel, kam aus einer fernen Gegend, um mit Israel zu kämpfen, und fürchtete sich nicht vor dem Herrn, wie geschrieben steht (Deuteronomium 25, 18): „Und er fürchtete sich nicht vor dem Herrn." Der Vorfall, dass die Israeliten siegreich waren, solange Moses' Hände erhoben waren, ist so zu erklären, wie es die Rabbiner in der Mischna (Rosh ha-Shanah III. 8) erklären. „Konnten die Hände Moses in irgendeiner Weise einen Sieg herbeiführen oder zerstören, von dem uns gesagt wird: ‚Und es geschah, als Mose seine Hand erhob, dass Israel siegte'? Das kann nur bedeuten, dass wir uns das sagen, solange die Israeliten blickten nach oben und unterwarfen ihre Herzen ihrem Vater im Himmel, sie siegten, und als sie es nicht schafften, fielen sie."

Der Besuch von Jethro wird als Kontrast zur vorhergehenden Episode aufgezeichnet. Jethro ist der Typus des „gerechten Proselyten", der Gottes Absicht in der Erhöhung Israels erkennt und versucht, sich mit der Sache Israels zu identifizieren.

**Ziel.** Das Ziel dieser Lektion ist dasselbe wie das der vorangegangenen.

**Vorschläge für den Lehrer.** Der Unterricht in dieser Lektion stellt keine großen Schwierigkeiten dar, da die erzählten Ereignisse an sich für Kinder interessant sind. Versuchen Sie, dem Kind dabei zu helfen, sich der Strapazen des Wanderns durch die Wildnis bewusst zu werden, indem Sie die geografischen Gegebenheiten der Wildnis, den Mangel an Straßen, an Wasser, an Nahrung für Mensch und Vieh, die Angst vor wilden Tieren und vor plündernden Stämmen beschreiben wie Amalek, der Mangel an Wohnmöglichkeiten usw. Versuchen Sie, dem Kind klarzumachen, wie sich die Israeliten fühlten, als sie diese Bedingungen mit denen im fruchtbaren Niltal verglichen. Dies wird ihnen helfen, das Murren gegen Moses zu verstehen und zu verstehen, was für eine undankbare Aufgabe es war, die Moses mit der Führung der Israeliten übernommen hatte. Versäumen Sie es nicht, an ihre Heldenverehrung zu appellieren, indem Sie auf die Selbstlosigkeit Moses hinweisen, der das Volk trotz seiner Undankbarkeit weiterhin führte. Wenn man von der doppelten Portion Manna spricht, die sie am Vorabend des Sabbats sammelten, könnte man sie mit den beiden Broten Brot in Verbindung bringen, die beim Sabbatmahl im Zuhause des Kindes verwendet wurden. Beim Erzählen der Geschichte von Amaleks Angriff ist es gut, die Härte der biblischen Aufforderung, sich daran zu erinnern, was Amalek uns angetan hat, abzumildern, indem man damit die Moral verbindet, die im folgenden Midrasch gelehrt wird:

„Womit können die Kinder Israels (zu diesem Zeitpunkt) verglichen werden? Mit einem Kind, das auf den Schultern seines Vaters durch die Straße getragen wurde und wann immer es einen Gegenstand sah , den es begehrte, zu seinem Vater sagte: ‚Kaufe es dafür.‘ „Ich", und sein Vater kaufte es für ihn. Dies geschah einmal, zweimal, dreimal. Während sie so weitergingen, sah das Kind den Freund seines Vaters und fragte ihn: „Hast du etwas von meinem Vater gesehen?" Daraufhin sagte der Vater beleidigt: „Du Narr! Du reitest auf meinen Schultern, und ich sorge für alles, was du willst, und doch wagst du es, diesen Mann zu fragen: „Hast du etwas von meinem Vater gesehen?" Was also tat der Vater? Er setzte das Kind nieder und weigerte sich, es weiter zu tragen. In diesem Moment kam ein Hund und biss das Kind. So war auch das Verhalten Israels. Als sie aus Ägypten zogen, umgab Gott sie sofort mit Wolken der Herrlichkeit. Sie begehrten Manna; der Heilige, gesegnet sei Er, gab es ihnen. Sie begehrten Wachteln; Er gab sie ihnen. Was auch immer sie brauchten, Er gab ihnen. Dennoch begannen sie zu zweifeln und sagten: „Ist der Herr unter uns oder nicht?" ?' (Exodus 17, 7.) Daraufhin sagte der Heilige, sei Er gesegnet, zu ihnen: „So wahr ihr lebt, ich werde es euch kundtun. Siehe, der Hund kommt und wird euch beißen." Und wer ist der Hund? Amalek, wie es heißt: „Und Amalek kam" usw.


Beim Unterrichten dieser und ähnlicher Lektionen ist es wichtig, alle Orte auf der Karte zu lokalisieren, da dies den Geschichten mehr Realität verleiht. Die Verbindung einer Legende mit einem bestimmten Ort hat auf einfache Gemüter schon immer die Wirkung gehabt, sie glaubwürdiger erscheinen zu lassen, und es ist gut, diese psychologische Tatsache zu nutzen, um der biblischen Erzählung ein Gefühl von Verlässlichkeit und Realität zu verleihen. Bilder der genannten Orte zu zeigen, ist ein umso wertvolleres Hilfsmittel, das auch nach Möglichkeit eingesetzt werden sollte.

---

# KAPITEL IX

## DIE OFFENBARUNG
### Exodus 19,1 bis 20,18

**Deutung.** Das Ereignis, das Gegenstand dieser Lektion ist, ist ausnahmslos das wichtigste Ereignis in der jüdischen Geschichte und aus der Sicht des Judentums in der Weltgeschichte. Die gesamte bisherige jüdische Geschichte führt darauf hin; die gesamte spätere jüdische Geschichte geht darauf zurück. In der Geschichte der Patriarchen ist das zentrale Thema die Wahl des Materials, aus dem jene Nation hervorgehen soll, die die Tora annimmt und sich verpflichtet, für und nach ihr zu leben. Das zentrale Thema der Geschichte des Exodus ist die Vorbereitung des Volkes auf dieses Ereignis: Gott kauft Israel, um den biblischen Ausdruck zu verwenden, von seinen Herren, damit er Gott allein dienen könne. Und das zentrale Thema der gesamten nachfolgenden jüdischen Geschichte ist der Kampf, die Prinzipien dieser Tora über Israel dominant zu machen und seine Ideale und die Institutionen, die sie hervorgebracht hat, gegen ausländische Aggression einerseits und ausländische Verführung andererseits zu schützen . Das Ereignis der großen Offenbarung ist daher von größter Bedeutung.

Was geschah am Berg Sinai? Etwas von der Ehrfurcht, die vor dem Berg Grenzen setzte, die die Menschen nicht zu durchbrechen wagten, muss uns zukommen, wenn wir uns diesem Thema nähern. Wir müssen uns darüber im Klaren sein, dass ein Ereignis wie dieses nicht in den Begriffen unserer täglichen Erfahrung aufgezeichnet werden kann. Was diese Erfahrung für unsere Vorfahren bedeutete, können wir anhand der Aufzeichnungen, die sie uns hinterlassen haben und die mit all den poetischen Bildern unserer biblischen Erzählung versehen sind, nur schwach erraten. Am Sinai, inmitten der beeindruckendsten natürlichen Umgebung, Donner, Blitz, Erdbeben, Feuer und Rauch, wurden die Menschen sich der Gegenwart Gottes bewusst, wie sie sich seiner Gegenwart noch nie zuvor bewusst gewesen waren. Und während sie von der unendlichen Macht des Gottes beeindruckt waren, der sie aus Ägypten geführt hatte, damit sie ihn dort in der Wüste anbeten konnten, schlossen sie einen Bund mit ihm. Unter der inspirierten Führung des größten aller Propheten wurde ihnen klar, dass dieser Gott Gehorsam gegenüber dem Gesetz als Voraussetzung dafür verlangte, dass er weiterhin ihr Gott sein und sie als sein Volk führen konnte, das er aus Ägypten erlöst hatte.

Und der Inhalt dieses offenbarten Bundes ist der Dekalog, der bedeutendste Moralkodex der Weltgeschichte, der einen tiefgreifenderen und wohltätigeren Einfluss auf die Menschheit ausgeübt hat als jeder andere.

Nachdem dieser Kodex auf der Anerkennung des Gottes, der Israel aus Ägypten erlöste, als alleiniger Quelle aller Autorität und einzigem Gegenstand der Anbetung bestand und sich bemühte, die Anerkennung dieser Ansprüche durch die Verpflichtung zur Ehrfurcht vor dem Namen Gottes sicherzustellen, legt er Gesetze fest, die alle regeln die wichtigsten menschlichen Beziehungen. Es besteht auf der Heiligkeit des Zuhauses, sowohl in der Bindung zwischen Mann und Frau als auch zwischen Eltern und Kind. Es besteht auf der Heiligkeit des menschlichen Lebens und garantiert das Eigentumsrecht, das für die menschliche Entwicklung von wesentlicher Bedeutung ist. Es verlangt Wahrheit und Gerechtigkeit in der Rechtspflege. Sie beschäftigt sich wenig mit zeremoniellen Formen, besteht aber dennoch auf der Einhaltung des Sabbats, ohne den der Mensch nicht die volle Menschenwürde und die Weihe des Lebens erlangen kann, sondern auf die Ebene eines Lasttieres oder eines Automaten herabsinkt. Sie sichern mechanisch die Lebensgrundlagen und haben keine Muße, über ihre Ziele nachzudenken. Der Dekalog befasst sich nicht nur mit den offensichtlichen Handlungen des Menschen, sondern fordert die Reinheit der Motive, denn er verurteilt Habgier ebenso wie Diebstahl und Ehebruch.

Die Offenbarung auf dem Berg Sinai bedeutete für die Seele Israels, was die Erfahrung des prophetischen Rufs für den Propheten bedeutete, als er zum ersten Mal die Stimme Gottes hörte, die ihn mit einer Mission betraute, von der er vorher nicht geträumt hatte. Israel verließ Ägypten als flüchtige Horde, kam zum Sinai und verwandelte sich dort in eine große Nation, die sich einer historischen Mission bewusst war, die es von anderen Völkern unterschied und über sie erhob: „ein Königreich von Priestern und eine heilige Nation" zu werden. (Exodus 19, 6.) Israel ist dieser Mission nicht immer treu geblieben, hat vielleicht nie alle ihre Implikationen voll und ganz berücksichtigt, aber von dieser Zeit bis heute hat Israel sie nie ganz vergessen, hat nie den Glauben daran verloren.

Bei der Betonung der Bedeutung des Dekalogs darf man jedoch nicht die Tatsache aus den Augen verlieren, dass die Zehn Gebote nicht die einzigen Gesetze waren, die Moses auf dem Sinai offenbart wurden, und dass der Sinai-Bund nicht nur den Gehorsam gegenüber dem Dekalog beinhaltete, sondern auch, dass die Zehn Gebote nicht aus den Augen verloren wurden Gehorsam gegenüber allen anderen Gesetzen, denen das Judentum einen göttlichen Ursprung zuschreibt. Der Überlieferung nach waren viele der mündlichen Gesetze, die nicht in der Bibel enthalten sind, *Halakah Lemosche misinai* , „Gesetze, die Moses am Sinai offenbart wurden". Die historische Kritik lässt möglicherweise auf einen späteren Ursprung der meisten dieser und sogar vieler Gesetze im Pentateuch schließen , aber in der biblischen Erzählung gibt es nichts, was die Offenbarung auf den Dekalog beschränkt, und nach jüdischem Glauben wird die gesamte Thora offenbart.

**Ziel.** Das Ziel dieser Lektion sollte darin bestehen, dem Kind Ehrfurcht vor dem Gesetz und den Glauben an seinen göttlichen Ursprung und seine Autorität über es zu vermitteln.

**Vorschläge für den Lehrer.** Der Lehrer kann den Unterricht durchaus damit beginnen, dass er das Kind auf die Lektüre der Sefer-Tora in der Synagoge aufmerksam macht. Fragen Sie, ob die Sefer Tora optisch wie jedes andere Buch ist, und lassen Sie die Kinder die offensichtlichen Unterschiede erklären. Informieren Sie sie über Unterschiede, die ihnen nicht bewusst sind, wie zum Beispiel, dass immer von Hand und auf Pergament geschrieben wird, mit speziell für diesen Zweck vorbereiteter Tinte usw. Fahren Sie dann etwa wie folgt fort:

„Wissen Sie nun, warum wir dieses Buch immer anders behandeln als andere Bücher, warum wir uns beim Schreiben so viel Mühe geben, warum wir es immer auf starkem Pergament schreiben und nicht auf Papier, das leicht reißt? Warum wir es sozusagen kleiden.", in Samt oder anderen schönen Bezügen? Warum schmücken wir es mit Silber- oder Goldornamenten? Warum bewahren wir es im schönsten Teil der Synagoge auf? Das liegt daran, dass sich dieses Buch von allen anderen Büchern unterscheidet. Dieses Buch enthält das Wort Gottes , das Gott selbst das Volk Israel in der Antike lehrte und das bis heute vom Vater an den Sohn weitergegeben wurde. Es enthält die Geschichte, die wir gelernt haben, aber es enthält noch viel mehr. Es enthält Gesetze und Gebote, die Gott möchte, dass wir diese Gesetze und Gebote befolgen, und wer alle diese Gesetze und Gebote befolgt, ist ein guter Jude. In der Lektion, die wir heute aufgreifen werden, werden wir erfahren, wie Gott begann, unsere Väter diese Gesetze zu lehren, und wir werden einige der wichtigsten lernen Wichtige dieser Gesetze Gottes, die so wichtig sind, dass alle zivilisierten Nationen sie zu einem Teil ihres Gesetzes gemacht haben."

Die große Aufgabe des Lehrers in dieser Lektion besteht darin, jene Atmosphäre der Ehrfurcht und Ehrfurcht zu schaffen, mit der die biblische Erzählung die Episode der Offenbarung erfüllt. Die bloße Erläuterung der Bedeutung der Zehn Gebote reicht hierfür nicht aus , da die Bedeutung ihres Inhalts zum großen Teil außerhalb des Verständnisses des Kindes liegt und ihre Form zu abstrakt ist, um es emotional anzusprechen. Der von uns vorgeschlagene Kontaktpunkt wird etwas helfen, indem er die Verehrung, die das Kind der Sefer Tora in der Synagoge entgegenbringt, mit der Offenbarung in Verbindung bringt. [11] Eine genaue Befolgung der biblischen Erzählung legt andere Vorgehensweisen nahe. Das Volk Israel sollte sich drei Tage lang vorbereiten, und die Notwendigkeit dieser Vorbereitung hielt es in einer Haltung bewusster Spannung und Aufmerksamkeit. Die Erzählung dieser Vorbereitungen wird eine ähnliche Wirkung haben. Versuchen Sie, die Neugier der Kinder darauf zu wecken, was Gott Israel sagen würde, bevor Sie beginnen, ihnen die Zehn Gebote zu erklären. Exodus 19. 3-6 sollte zitiert und erläutert werden. Die Tatsache, dass Moses und Aaron verpflichtet waren, Grenzen um den Berg zu setzen, über den niemand außer dem, den Gott berufen hatte, hinausgehen konnte, trägt ebenfalls zur Eindrücklichkeit des Anlasses bei, der den Kindern nicht entgehen wird. Schließlich die damit einhergehenden Unruhen der Natur, die Donner, Blitze, Beben und Flammen und dichte Dunkelheit und die immer lauter werdende Stimme des Schofar, zusammen mit dem Bild des zitternden Volkes am Fuße des Berges und des gehenden Moses Allein in die „dichte Dunkelheit, wo Gott war" hinaufzugehen, muss in solch anschaulichen Worten erzählt werden, dass sie die Vorstellungskraft des Kindes tief beeindruckt. Anstatt den Kindern die Zehn Gebote im üblichen Konversationston zu erklären, den Sie natürlich verwenden würden, wenn Sie Kinder ansprechen, wäre es in diesem Fall gut, ihnen den biblischen Bericht von Exodus 19,16 bis 20,21 vorzulesen und ihn zu verlangen, wenn Sie zur eigentlichen Sache kommen Beim Lesen des Dekalogs erhebt sich die Klasse wie die Gemeinde, wenn der Dekalog in der Synagoge gelesen wird, und bleibt stehen, bis die Lesung der Zehn Gebote abgeschlossen ist.

Die Kinder werden beim Lesen natürlich nur sehr wenig von der Bedeutung der Zehn Gebote verstehen, aber sie werden die ehrfürchtige Haltung des Lehrers ihnen gegenüber verstehen und verinnerlichen. Nach der Lesung obliegt es jedoch dem Lehrer, ihre Bedeutung zu erklären, soweit dies den Kindern möglich ist. Vermeiden Sie jedoch eine zu lange und diskursive Behandlung, da das Kind sonst ungeduldig sein wird, mit der Geschichte fortzufahren. Eine detailliertere Behandlung sollte später im Kurs erfolgen, entweder wenn den Kindern beigebracht wird, den Dekalog in ihrer hebräischen Arbeit zu übersetzen, oder im Zusammenhang mit der Unterweisung über die Bedeutung von Shabuot oder als Teil der Arbeit eines Bar Mizwa oder Konfirmandenunterricht oder bei mehreren oder allen dieser Gelegenheiten, aber nicht als längere Unterbrechung der „Geschichte" der Bibel, an der Kinder in ihren ersten Schuljahren am meisten interessiert sind.


Das erste Gebot lässt sich jedoch sehr leicht so erklären, dass es die dankbare Anbetung Gottes durch Israel und den Gehorsam gegenüber all seinen Gesetzen als erste Pflicht der Juden impliziert, angesichts dessen, was Gott für sein Volk in Ägypten getan hatte.

Das Zweite Gebot muss keine Schwierigkeiten bereiten, da die Sünde und Torheit des Götzendienstes, der Anbetung des Geschöpfes statt des

Schöpfers, für Kinder leicht zu begreifen ist. Da das Kind nicht in Versuchung gerät, Götzen zu verehren, braucht man ihm nicht viel Zeit zu geben.

Dem dritten Gebot sollte jedoch mehr Aufmerksamkeit geschenkt werden, als es normalerweise der Fall ist. Nichts fördert diesen Geist der Ehrfurcht, den es in dieser Lektion zu kultivieren gilt, mehr als die bewusste Vermeidung des Namens Gottes, außer in Verbindung mit einem wahrhaft religiösen Gedanken. Obszönität ist ein weit verbreitetes Laster sowohl bei Kindern als auch bei Erwachsenen. Kindern, insbesondere im gewohnheitsbildenden Alter, sollte das Gefühl vermittelt werden, dass es eine Sünde ist und vermieden werden sollte. [12]

Auch für die Kindheit ist das vierte Gebot von größter Bedeutung. Da dies nicht das erste Mal ist, dass auf den Sabbat Bezug genommen wird, geht der Lehrer möglicherweise davon aus, dass er die allgemeine Bedeutung des Sabbats kennt, und sollte sich hauptsächlich mit der Bedeutung der Formulierung „ihn heilig halten" befassen, indem er fragt die Kinder, was wir tun, um den Sabbat heilig zu halten, ich . anders als an anderen Tagen und den jüdischen Gedanken gewidmet. Nutzen Sie die Gelegenheit, die Kinder zu ermahnen, am Sabbat keine Theateraufführungen, Kinovorführungen usw. zu besuchen, und fordern Sie sie auf, den Gottesdienst zu besuchen.


Das fünfte Gebot ist natürlich das erste Gesetz der Kindheit. Versuchen Sie im Gespräch mit den Kindern, von ihnen Vorschläge zu bekommen, wie sie die Eltern ehren können. Ermutigen Sie zu solchen Verhaltensregeln in der Familie, dass Sie niemals Vater oder Mutter widersprechen, sich niemals auf den Platz des Vaters oder der Mutter am Tisch setzen dürfen, immer aufstehen und einem von ihnen einen Platz gewähren, wenn die anderen Stühle im Raum beim Betreten besetzt sind, und dergleichen.

Das sechste Gebot bedarf keiner längeren Diskussion.

Das siebte Gebot muss so erklärt werden, dass Mann und Frau immer treu und freundlich zueinander sein müssen.

Das achte Gebot bedarf einer Diskussion, da Kinder oft zu geringfügigen Diebstählen neigen. Im Moralkodex vieler Kinder bedeutet Stehlen, Geld oder Gegenstände von großem Wert zu stehlen, aber die Aneignung kleiner Gegenstände wie Kugelschreiber, Bleistifte, Kreide usw. fällt nicht in diese Kategorie. Darüber hinaus bedeutet Stehlen nur, jemandem etwas aus der Hand oder Tasche zu nehmen, und schließt nicht die Aneignung eines Gegenstands ein, den der Besitzer achtlos dort gelassen hat, wo ein anderer ihn nach dem Gesetz der „Aufbewahrung des Fundes" beanspruchen könnte, was nach dem Gesetz der Kindheit gilt wird häufig auch dann als anwendbar angesehen, wenn der Finder weiß, wem der gefundene Gegenstand gehört. Die Pflicht des Lehrers besteht daher darin, diese Gelegenheit zu nutzen, um die Vorstellung des Kindes vom Diebstahl zu erweitern und seinen Sinn für Eigentum zu entwickeln, einen Sinn, der bei Kindern von Natur aus mangelhaft ist, da sie weder Eigentum verdienen noch besitzen. Vermeiden Sie jedoch abstrakte und rein theoretische Diskussionen und machen Sie Ihren Standpunkt klar, indem Sie konkrete hypothetische Beispiele für die Ausübung ihres moralischen Urteils präsentieren, wie zum Beispiel:

„Ich bin mir sicher, dass keiner von euch von irgendjemandem Geld oder irgendetwas anderes annehmen würde, das er für sehr wertvoll hält, aber nehmen wir an, ihr seht einen kleinen Bleistiftstumpf, den ein Junge auf seinem Schreibtisch liegen gelassen hat, und ihr wollt ihn einfach haben, oder ...“ Wenn Sie ein Stück Kreide von der Tafel oder ein Obst oder eine Süßigkeit, die Sie im Schreibtisch Ihres Nachbarn gesehen haben, nehmen würden, wäre es das Richtige für Sie, es mitzunehmen? Wenn Sie etwas Geld auf der Straße sehen würden und nicht wüssten, wie es dorthin gekommen ist, würden Sie das tun? Nehmen Sie es? Wenn Sie auf der Straße etwas Geld aus der Tasche eines Mannes fallen sehen würden, würden Sie es nehmen? Wenn Sie eine Brieftasche finden und beim Öffnen feststellen würden, dass darauf eine Karte mit dem Namen und der Adresse des Besitzers steht, was würden Sie tun? Was würden Sie tun, wenn Sie in dieser Schule eine Handtasche oder etwas Geld, oder ein paar Bleistifte oder Bücher finden würden usw.?“

Die Bedeutung des Neunten Gebots muss dahingehend erweitert werden, dass es allgemein zur Wahrhaftigkeit gebietet. Mit ähnlichen Methoden wie bei der Erklärung des Achten muss der Lehrer das Lügenkonzept des Kindes auf jede Art bewusster Täuschung erweitern, wobei die stille Lüge ebenso wie die gesprochene Lüge einbezogen werden muss.

Das zehnte Gebot ist etwas zu subtil und raffiniert, als dass es ein Kind verstehen könnte, und es muss nicht ausführlich darauf eingegangen werden. Der Lehrer muss nur erklären, dass es genauso falsch ist, stehlen zu wollen, selbst wenn wir vom Stehlen abgehalten werden, weil wir Angst vor der Polizei, vor unseren Lehrern oder vor Strafe haben.

# KAPITEL X

## DAS GOLDENE KALB
### Exodus 32,1 bis 34,35

**Deutung.** Das Volk Israel konnte nicht sofort die Höhe der Vorstellung von Gott erreichen, die ihm am Sinai offenbart worden war. Solange Mose bei ihnen war, um ihnen das Wort des Herrn zu verkünden, fanden sie es möglich, an Gott zu glauben, obwohl sie ihn nicht sahen, denn er redete täglich durch den Mund seines ernannten Dieners Mose zu ihnen. Doch Moses war in der dichten Dunkelheit verschwunden, und es vergingen Tage und Wochen, ohne dass er zurückkehrte. Dadurch wurde es für sie immer schwieriger, die Realität des unsichtbaren Gottes zu erleben, der sie aus Ägypten geführt hatte. Sie verlangten daher nach einem Bild, auf das sie blicken konnten und das sie an den Gegenstand ihrer Anbetung erinnern konnte. Ihre Absicht war nicht so sehr, den Gott, der sie aus Ägypten geführt hatte, gegen einen anderen auszutauschen, sondern ihn als Hilfe für ihre Hingabe darzustellen. Zweifellos sprachen sie in gutem Glauben, als sie erklärten: „Das ist dein Gott, o Israel." Dass sie Ihn in der Gestalt eines Stiers anbeten sollten (denn das Kalb muss als das kleine Bild eines Stiers verstanden werden, klein aufgrund des verwendeten Edelmetalls), ist angesichts der gängigen Vorstellung von der darin enthaltenen Göttlichkeit nicht überraschend Form, sowohl in Ägypten als auch in Kanaan. Aaron gibt widerstrebend ihren Aufdringlichkeiten nach und die Menschen freuen sich darüber, einen Gott zu haben, der ihnen vorangehen kann.

Aber Moses konnte nicht nachgeben. Dies zu tun hätte bedeutet, alles preiszugeben, was durch den Exodus und die Offenbarung auf spirituelle Weise gewonnen worden war. Der Abfall des ganzen Volkes, den diese Tat bedrohte, hätte seine gesamte Mission fruchtlos gemacht. Sein Gefühl der Verzweiflung wird durch die biblische Erzählung gut zum Ausdruck gebracht, als die Steintafeln zerbrachen, auf denen die Worte des Dekalogs eingraviert waren. Es war ein radikales Heilmittel erforderlich, und Moses zögerte nicht, es anzuwenden. Die Unterstützung, die er vom Stamm Levi erhielt, rechtfertigte seinen Anspruch, Priesterstamm zu sein.

Im Zusammenhang mit diesem Ereignis wird der Charakter Moses in seiner erhabensten Form als vollkommener Fürsprecher gezeigt. Sein Eifer zögerte nicht, die Übeltäter, die sich seinem Ruf nicht anschlossen, mit größter Härte zu bestrafen, aber wenn die nötige Strafe erst einmal verhängt worden war, gilt sein einziger Gedanke seinem Volk, wie es ihm dennoch ermöglicht werden könnte, seine Mission zu erfüllen was sie sich am Tag der

Offenbarung vorgenommen hatten. Gott schlägt vor, das Volk zu vernichten, das seinen Erlösungsanspruch verloren hatte , und aus den Nachkommen Moses ein auserwähltes Volk zu machen, doch Moses, der ideale Anführer, dem seine Aufgabe wichtiger ist als er selbst, gibt sich damit nicht zufrieden. Lieber möchte er an der Bestrafung seines schuldigen Volkes teilhaben, als sich einer selbstsüchtigen Erlösung und Herrlichkeit zu erfreuen, von der sie ausgeschlossen werden sollen. (Exodus 32,32.) Dann gibt Gott seinem Flehen nach und willigt ein, das Volk in das Land seiner Väter zurückkehren zu lassen und seine Feinde vor sich zu vertreiben, gemäß den Bedingungen des Bundes, den er nach der Offenbarung mit Israel geschlossen hatte. Dort heißt es (Exodus 23,20 bis 22): „Siehe, ich sende einen Engel vor dir her, um dich auf dem Weg zu behüten und dich an den Ort zu bringen, den ich bereitet habe. Hüte dich vor ihm und höre auf seine Stimme!" rebelliere nicht gegen ihn; denn er wird deine Übertretung nicht verzeihen, denn mein Name ist in ihm. Aber wenn du wirklich auf seine Stimme hörst und alles tust, was ich rede, dann werde ich ein Feind deiner Feinde und ein Widersacher deiner sein Gegner." Gottes Antwort an Mose lautet daher (2. Mose 32,33): „Wer auch immer gegen mich gesündigt hat, den werde ich aus meinem Buch austilgen. Und nun geh und führe das Volk an den Ort, von dem ich dir gesagt habe; siehe, Mein Engel wird vor dir hergehen; aber an dem Tag, an dem ich sie besuche, werde ich ihre Sünden an ihnen heimsuchen vom Land Ägypten in das Land, von dem ich Abraham, Isaak und Jakob geschworen habe, indem ich sprach: Deinem Samen will ich es geben, und ich werde einen Engel vor dir her senden und die Kanaaniter vertreiben Amoriter, Hetiter und Perisiter, Heviter und Jebusiter, in ein Land, das von Milch und Honig fließt; denn ich werde nicht in deine Mitte hinaufziehen; denn du bist ein halsstarriges Volk; damit ich dich nicht verzehre Im weg." (Exodus 33, 1-3.)

Die allgemeine Bedeutung von Engeln wurde in einem früheren Kapitel besprochen. [13] Es ist jedoch anzumerken, dass die Vorstellung vorherrschte, dass verschiedene Nationen von besonderen Engeln geleitet würden, die zu diesem Zweck beauftragt wurden. So wurde Israel durch die Vermittlung eines Engels aus Ägypten geführt, dem außerdem die Aufgabe übertragen wurde, das Volk in das Land Kanaan zu führen. Aber wie wir zuvor gezeigt haben, wurde angenommen, dass Engel keine Entscheidungsbefugnis hätten, und dieser Engel des Bundes wurde nur damit betraut, Israel in das Land der Verheißung zu führen, wenn das Volk dem Bund treu bleiben würde. Im Falle einer Untreue seien sie ausdrücklich gewarnt worden: „Er wird Ihre Übertretung nicht verzeihen." Mit der Sünde des goldenen Kalbs befürchtet Moses daher zunächst, dass Israel völlig dem Untergang geweiht ist, aber er wird durch die Aussage Gottes beruhigt, dass die Strafe, die kommen muss, jedem einzelnen Sünder an dem „Tag meines Besuchs" zugeteilt wird wird nicht die unmittelbare Vernichtung des ganzen Volkes zur Folge haben; dass der Engel sie im Gegenteil weiterhin in ihr Land führen würde. Aber das befriedigt Moses nicht mehr. Die Sünde des goldenen Kalbes hatte ihn davon überzeugt, dass das Volk zu schwach war, um dem Bund gerecht zu werden, den es am Sinai angenommen hatte, und dass, wenn ihr Schicksal, wie das anderer Völker, von einem Engel geleitet werden sollte, der Da sie jeden Bruch des Bundes nicht verzeihen konnten, war ihnen die Vernichtung sicher. Er plädiert daher für eine innigere Beziehung zu Gott, die Israel von den Wirkungen des natürlichen Gesetzes der Vergeltung befreien würde, indem er dem Volk Vergebung für die höheren Aufgaben ermöglicht, die es zu erfüllen auf sich nahm, ohne offenbar über höhere Qualifikationen zu verfügen. Wenn Israel durch die Eroberung Kanaans lediglich zur Verwirklichung seiner säkularen Bestimmung geführt werden soll, aber durch Gottes Untergang nicht stärker mit der Sache Gottes identifiziert werden soll, bleibt Moses lieber in der Wüste. (Exodus 33, 15.) Gottes Erklärung: „Ich werde nicht in deine Mitte hinaufziehen" (Exodus 33, 3), obwohl sie unmittelbar nach Gottes Erneuerung des Versprechens kommt, seinen Engel zu senden, um Israel in das Land zu führen Kanaan wird zum Anlass der Trauer und Reue gemacht. Moses entfernt sein Zelt, in dem er mit Gott zu kommunizieren pflegte und das daher Ohel Moed, „Zelt der Begegnung" (siehe Raschi und Ibn Ezra ad loc.), genannt wurde, grundsätzlich aus dem Lager , laut Raschi, dass לְמִיד שַׁלַת הֶ֯מֶנֶד לָרַב הֶ֯מֶנֶד „Der Schüler darf nichts mit jemandem zu tun haben, der unter dem Bann des Meisters steht." Gottes Weigerung, das Lager Israels zu betreten, interpretiert Moses so, dass er auch seinen eigenen Rückzug aus dem Lager verpflichtet. Hier bittet er Gott um eine klarere Kenntnis seiner Wege, damit er das Volk so führen kann, wie Gott es ihm aufgetragen hat. Er möchte, dass Gott ihm den Engel kundtut, den er mit sich schicken wollte. Dann erhält er die Zusicherung, nach der er gesucht hatte: „Meine Gegenwart wird mit dir gehen und ich werde dir Ruhe geben." (Exodus 33, 14.) Darüber hinaus wird ihm eine Offenbarung der Eigenschaften Gottes gewährt, die ihm die Bereitschaft Gottes versichert, Sünden zu vergeben, sie jedoch nicht zu dulden (Exodus 34, 6, 7), und er wird beauftragt, neue Tafeln anzufertigen für den Dekalog anstelle derer, die er gebrochen hatte. Exodus 33. 22, 23 stellt aufgrund der anthropomorphen Begriffe, die in Bezug auf Gott verwendet werden, Schwierigkeiten dar. Der allgemeine Gedanke, den es zum Ausdruck bringen möchte, scheint jedoch zu sein, dass niemand die wahre Persönlichkeit Gottes erfassen kann, sondern nur durch Nachdenken und gewissermaßen im Nachhinein erkennen kann, dass er in der Gegenwart Gottes gewesen ist, wie es die Bibel tut Wenn du es zum Ausdruck bringst, erhasche nur einen flüchtigen Blick auf Seine sich zurückziehende Gestalt.

**Ziel.** Das Ziel des Unterrichts in diesem Kapitel sollte darin bestehen, beim Kind ein Verständnis für die Bedeutung von Loyalität und Treue zu wecken, eine Lektion, die im negativen Sinne durch Israels Illoyalität bei der

Anbetung des goldenen Kalbs und im positiven Sinne durch Moses' Loyalität bei der Fürbitte für sein Volk gelehrt wird als darin, mit dem individuellen Genuss der Gunst Gottes zufrieden zu bleiben.

**Vorschläge für den Lehrer.** Es gibt viele Lektionen in Bezug auf Sünde und Reue und die Eigenschaften Gottes und andere theologische Themen, die in diesen Kapiteln gelehrt werden, aber sie alle liegen außerhalb des Verständnisses von Kindern. Sie wurden daher von unserer Formulierung des Unterrichtsziels dieser Lektion ausgeschlossen, und der Lehrer sollte Details der Erzählung weglassen, die das Ziel der Lektion hervorheben, so interessant sie aus der Sicht eines Erwachsenen auch sein mögen. Daher sollte die Erzählung von Exodus 33, 12 bis 23 weggelassen werden, ebenso wie ein Großteil des Dialogs zwischen Gott und Mose. Darüber hinaus ist die gesamte Diskussion über die Rolle, die der Engel des Bundes spielte, und die Bitte von Moses, dass nicht ein Engel, sondern Gott selbst das Volk führe, obwohl wir uns in unseren vorangegangenen Bemerkungen zum Wohle des Lehrers ausführlich damit beschäftigt haben, muss dem Kind nicht beigebracht werden.

Um die Lektion mit der vorherigen zu verbinden, bitten Sie zunächst eines der Kinder, das zweite Gebot zu wiederholen. Erklären Sie dann, wie es dem Volk in der Abwesenheit von Moses schwerfiel, an einen Gott zu glauben, den es nicht sehen konnte, und dass es, indem es sich an die Bilder der Götter erinnerte, die es gekannt hatte, ein Bild seines eigenen Gottes forderte, das damit brach ihr Versprechen, den Dekalog zu befolgen. Das Verhalten Aarons, ihren Bitten nachzugeben, muss nicht geduldet oder wegerklärt werden, denn die einzige Abmilderung, die die Bibel vorschlägt, ist die Aufdringlichkeit der populären Forderung. Der Lehrer sollte sich jedoch bemühen, seinen Schülern dies klarzumachen, indem er ihnen erzählt, wie das Volk jeden Tag zu Aaron kam und zu ihm sagte: „Wo ist Mose und wo ist der Gott, der zu uns gesprochen hat und wer, wie Mose sagte?", würde uns in das Land unserer Vorfahren führen? Wir wollen ihn sehen. Machen Sie ein Bild von ihm für uns. Und obwohl Aaron sie ablehnte, kamen sie am nächsten Tag und übermorgen wieder und bestanden darauf, dass er sie zu einem Bild ihres Gottes machte, wie die Götzen, an die sie gewöhnt waren, bis Aaron eines Tages ihrer Forderungen überdrüssig wurde und sagte ihnen, wenn sie ein Bild von Gott wollten, sollten sie all ihr Gold und ihre Juwelen, ihre Ohrringe, Armbänder und Ringe mitbringen, aus denen er ihnen ein Bild machen würde.

Versuchen Sie, dem Kind die Abscheulichkeit des Vergehens vor Augen zu führen, das mit der Herstellung des goldenen Kalbes verbunden ist, da der Götzendienst so weit von der Erfahrung des Kindes entfernt ist, dass es von der Bedeutung davon wahrscheinlich nicht sehr beeindruckt sein wird. Betonen Sie nicht nur den Ungehorsam, der mit der Verletzung des zweiten

Gebots einhergeht, sondern auch die Gotteslästerung, die mit der Vorstellung von Gott in Tiergestalt einhergeht. Die emotionale Haltung, die der Lehrer zu schaffen versuchen sollte, sollte diejenige sein, die unsere Vorfahren dazu veranlasste, die Götter anderer Nationen immer als „Gräuel" der Heiden zu bezeichnen. Dies kann erreicht werden, indem man sozusagen Gottes Gefühle beschreibt, als er das Verhalten Israels beobachtete, wie zum Beispiel:

„Als Gott sah, was die Menschen taten, wie sie um das goldene Kalb tanzten und sangen und riefen: ‚Das ist dein Gott, o Israel, der dich aus dem Land Ägypten heraufgeführt hat', wurde er sehr zornig. Nur Vierzig Tage zuvor hatten sie seine Stimme gehört, die ihnen gesagt hatte: „Du sollst keine anderen Götter neben mir haben. Du sollst dir kein geschnitztes Bild machen", und sie hatten versprochen: „Alles, was der Herr geredet hat, werden wir tun." Dort beteten sie einen geschmolzenen Gott an, den sie mit ihren eigenen Händen gemacht hatten, ein Bild eines Kalbes; als ob ein Kalb oder etwas Ähnliches die zehn Plagen gegen Ägypten hätte schicken können, als ob es die Wasser des Roten Meeres hätte teilen können Als sie mitten auf dem brennenden Berg zu ihnen die Worte der Zehn Gebote verkündeten, wollte Gott sie zunächst ganz vernichten und sagte zu Mose, der noch bei ihm auf dem Berg war, um sein Gesetz zu lernen: „Geh! Steige hinab, denn dein Volk, das du aus dem Land Ägypten heraufgeführt hast , hat Böses getan; es ist schnell abgewichen und hat den Weg verlassen, den ich ihnen geboten habe. Sie haben ihnen ein gegossenes Kalb gemacht und es angebetet und ihm geopfert und gesagt: „Das ist dein Gott, Israel, der dich aus dem Land Ägypten heraufgeführt hat." Siehe, sie sind ein halsstarriges Volk, und mein Zorn entbrennt gegen sie, und ich werde sie vernichten, und ich werde aus dir ein großes Volk machen.'"

Geben Sie den Kindern die Ursache für den Bruch der Gesetzestafeln durch Moses verständlich, indem Sie ihnen die Verzweiflung Moses nachfühlen, als er mit den Tafeln in der Hand vom Berg herabstieg und sah, wie das Volk gerade dabei war, gegen die Gesetzestafeln zu verstoßen Gesetze, die auf ihnen geschrieben sind. Welchen Nutzen hatten die Gesetzestafeln, wenn das Gesetz selbst nicht als heilig galt?

Das Motiv Moses, die Tötung der Täter anzuordnen, muss so erklärt werden, dass es nicht auf Hass zurückzuführen ist, sondern auf seiner Erkenntnis, dass, wenn eine solche Maßnahme nicht ergriffen würde, der Rest des Volkes in weitere Sünden verführt würde, was die Vernichtung erforderlich machen würde des ganzen Volkes als Strafe für seine Bosheit, so wie ein Chirurg ein Glied amputieren kann, um ein Leben zu retten. Machen Sie darauf aufmerksam, dass Mose dem Volk erst dann die Chance gibt, sich um ihn zu sammeln, wenn es seine Teilnahme an der Anbetung des goldenen Kalbs bereut, eine Chance, die Aaron und der gesamte Stamm Levi genutzt haben. Die Reinheit der Motive von Moses zeigt sich in seiner Bereitschaft, die gleiche Strafe wie sein Volk zu akzeptieren, wenn Gott nicht bereit ist, ihnen zu vergeben, anstatt sich an einer Belohnung und Ehre zu erfreuen, an der sie nicht teilhaben.

Während Sie versuchen, das Kind mit der Erhabenheit des Charakters von Moses zu beeindrucken, achten Sie darauf, keine abstrakte Charakterisierung zu versuchen, sondern erzählen Sie die Geschichte so, dass das Kind die Bedeutung der Taten und Worte von Moses erkennt. Sagen Sie zum Beispiel nicht: „Obwohl Moses eifrig die Israeliten bestrafte, die sich als untreu erwiesen hatten, war er in seiner Liebe zu Israel völlig selbstlos." Sprich lieber: „Als nun Mose diejenigen tötete, die weiterhin das goldene Kalb angebetet hatten, betete er zu Gott, er möge den übrigen die Sünden vergeben und nicht das ganze Volk vernichten. Denn obwohl Gott angeboten hatte, Mose zu verschonen.", der nicht gesündigt hatte, und aus seinen Nachkommen sogar ein großes Volk zu machen, statt der Israeliten, die es verdienten, vernichtet zu werden, meinst du, dass dies Moses glücklich machte? Nein, für Moses, obwohl er nicht gezögert hatte, sein Volk zu bestrafen Er liebte sie nach Gottes Gebot, wie ein Vater seine Kinder liebt, auch wenn sie Unrecht tun, und es tat ihm weh, zu denken, dass Gott zornig auf sie war, obwohl er selbst Gottes Gunst genoss. Da sagte er: „O Herr, wenn." Du kannst diesem Volk vergeben, ihm vergeben, aber wenn nicht, mache aus mir und meinen Nachkommen kein großes Volk, sondern streiche mich aus deinem Buch", das heißt: „Lass mich sterben und vergessen werden wie alle anderen." diese Menschen, die ich geführt habe und die ich so sehr liebe.' Deshalb versprach Gott, bewegt von seiner Loyalität gegenüber seinem Volk, ihm zu vergeben und es weiterhin in sein Land zu führen.

Vergessen Sie nicht, die Tatsache zu erwähnen, dass sein Gesicht leuchtete, als Moses vom Berg herabstieg, denn dieser Umstand verstärkt die Ehrfurcht des Kindes vor seinem Helden.

Im Folgenden finden Sie einige anregende Fragen, die dabei helfen können, den Kindern den Sinn der Lektion zu verdeutlichen:

Warum wollten die Kinder Israels, dass Aaron ihnen ein goldenes Kalb machte?

Welches Gebot haben sie dabei missachtet?

Warum zerbrach Moses die Steintafeln?

Wie wurden die Israeliten für ihre Sünde bestraft?

Was drohte Gott Israel wegen dieser Sünde anzutun? und was wollte er Moses antun, weil er nicht gesündigt hatte?

Hat das Moses gefallen? Warum nicht? Worum bat Mose Gott?

Hat Gott dieses Gebet erhört? Wie zeigte Gott, dass er Israel vergeben hatte?

Wie zeigte er, dass er mit Moses zufrieden war?

# KAPITEL XI

## Die Stiftshütte und ihr Dienst
## Exodus 25,1 bis 31,11 und 35,4 bis 40,33

**Deutung.** Die Bibelstellen, die sich mit dem Bau der Stiftshütte und der Art ihrer Ausstattung und den darin abgehaltenen Gottesdiensten befassen, sind über mehrere Kapitel unserer Bibel verstreut, aber aus pädagogischen Gründen ist es am besten, sie zusammen zu betrachten. Bevor wir Einzelheiten besprechen, müssen wir uns der Bedeutung der Stiftshütte im Allgemeinen bewusst sein. Wir müssen darin die Mutter des Tempels und der Synagoge sehen und ihre Bedeutung im Lichte der Bedeutung dieser Institutionen für das spätere Judentum verstehen. „Lasst sie mich zu einem Heiligtum machen, damit ich unter ihnen wohnen kann." (Exodus 25, 8.) Unsere Rabbiner umschreiben dies mit den Worten: „Damit ich meine *Schechina* unter ihnen wohnen lasse ." Da die *Shekinah* die manifestierte göttliche Gegenwart bedeutete, können wir ihre Bedeutung in moderneren Worten wiedergeben, indem wir erklären, dass die Funktion von Tabernakel, Tempel und Synagoge darin besteht, uns die Gegenwart Gottes bewusst zu machen, obwohl wir seine Existenz außerhalb theoretisch zugeben können In solchen Institutionen würden wir die Realität seiner Gegenwart nicht spüren, wenn sie uns nicht durch den organisierten Gottesdienst, den sie pflegten, vor Augen geführt würde. Aber selbst wenn es möglich wäre, die Gegenwart Gottes lediglich durch die direkte Gemeinschaft des Einzelnen ohne organisierten Gemeinschaftsgottesdienst in einem Gemeinschaftsheiligtum zu verwirklichen, wäre der Gott, den wir dann anbeten sollten, nicht der Gott Israels und unsere Religion würde das Leben nicht weihen zum Dienst seiner Tora. Und so wie die Stiftshütte, zu der jedes Tier, das gegessen werden sollte, zum Opfer gebracht werden musste, die Menschen von der Gewohnheit entwöhnte, „den Satyrn" zu opfern (3. Mose 17,7), so war in späteren Zeiten der Tempel der Tempel Zentrum des nationalen Gottesdienstes im Gegensatz zum rivalisierenden Baal- und Astarte-Kult, der mit den „Höhen" verbunden ist, und so ist die Synagoge heute die Institution, auf die wir uns verlassen müssen, um die Reinheit des jüdischen religiösen Denkens vor den Einflüssen unserer nicht-jüdischen Religion zu schützen. Jüdisches Umfeld. Angesichts der Bedeutung der Stiftshütte und ihrer Tochterinstitutionen können wir den Raum, den unsere Bibel ihrem Bau und ihrem Ritual einräumt, nicht missbilligen.

Es ist uns unmöglich, die genaue symbolische Bedeutung aller zeremoniellen Gegenstände und Dekorationen des Tabernakels zu verstehen, aber gerade die Aufmerksamkeit, die diesen Details geschenkt wird, drückt die Wertschätzung der Hilfe zur Hingabe aus, die in einem

Appell zu finden ist zum ästhetischen Sinn des Anbeters. Ein Teil der Symbolik ist jedoch ziemlich offensichtlich. Somit ist es offensichtlich, dass die Platzierung der beiden Gesetzestafeln in der Bundeslade, die im Allerheiligsten aufbewahrt wurde und aus erlesenem Holz gefertigt war, innen und außen mit Gold bedeckt war und von Cherubimfiguren bewacht wurde, dies bezeugen wollte Die Heiligkeit des Gesetzes als Mittelpunkt und Seele des Judentums. Das Verbot für jeden außer dem Hohepriester, das Allerheiligste zu betreten, und das Beharren auf ritueller Reinheit und Vorkehrungen für das Waschen von Händen und Füßen im Messingbecken dienten dazu, die Anbetung von der Ebene des Alltäglichen, Profanen und Gehilfen zu entfernen die Schaffung einer Atmosphäre der Ehrfurcht und Ehrfurcht, die für die wahre Anbetung unabdingbar ist . Die Rauchwolken des Weihrauchs deuteten etwas auf das Geheimnis Gottes hin, wie aus seiner Verbindung in der rabbinischen Tradition mit der „Wolke der Herrlichkeit" hervorgeht. כִּי בֶ עָנָן אֶרָאֶה עַל פֹּ֯הַכ רָת „Denn ich erscheine in der Wolke auf dem Archendeckel" wird von den Rabbinern als Weihrauchwolke ausgelegt.

Was die Gewänder der Priester betrifft, so unterstreicht das Erscheinen der Namen der Stämme Israels auf dem Brustpanzer die repräsentative Fähigkeit des Hohepriesters als צִבּוּר שְׁ לִיחַ֯ oder Vertreter der Gemeinde, während das Diadem mit der Inschrift קֹדֶשׁ לַיהֹוָה ֯ „Heilig für Gott" war das Symbol seiner Hingabe an Gott.

**Ziel.** Das Ziel dieser Lektion sollte darin bestehen, das Kind für die Synagoge und den öffentlichen Gottesdienst zu interessieren und insbesondere darin das Gefühl für Schönheit, Würde und Anstand im Dienst Gottes zu entwickeln.

**Vorschläge für den Lehrer.** Der offensichtliche Berührungspunkt zwischen dem Unterricht und dem Kind ist die Erfahrung des Kindes beim Gottesdienst in der Synagoge, eine Erfahrung, zu deren Vermittlung die Pflicht jeder jüdischen Schule gehört. Beginnen Sie die Lektion, indem Sie die Aufmerksamkeit auf die Tatsache lenken, dass sich Juden überall an Sabbaten und Feiertagen und sogar an Wochentagen versammeln, um zu Gott in Häusern namens Synagogen zu beten, die zu diesem Zweck eingerichtet wurden. Fragen Sie die Kinder dann nach dem Aussehen der Synagoge, die sie besuchen, insbesondere danach, wie sie sich von anderen Gebäuden unterscheidet, die für die Aufnahme einer großen Anzahl von Menschen konzipiert sind, um sie für die besonderen Merkmale der Architektur und Verzierung der Synagoge zu interessieren, wie z Arche, das Lesepult und die ewige Lampe. Die Antworten der Kinder können die Aufmerksamkeit auf bestimmte Besonderheiten ihrer eigenen Synagoge lenken, die sie für charakteristisch für Synagogen im Allgemeinen halten. Ihre Fehler können auf interessante Weise korrigiert werden, indem ihnen Bilder verschiedener Synagogen in verschiedenen Ländern und unterschiedlichen Baustilen gezeigt werden.

Wenn dies geschehen ist, machen Sie darauf aufmerksam, dass unsere Väter in der Wüste genauso dringend ein Haus der Anbetung brauchten wie wir, und als Mose auf dem Berg zu Gott sprach, sagte Gott zu ihm: „Die Kinder Israel sollen mich machen." ein Heiligtum, damit ich unter ihnen wohnen kann. Erklären Sie, dass das Wort „Heiligtum" einen heiligen Ort bedeutet, „wie unsere Synagogen". „Aber wie", fahren Sie fort, „sollten die Kinder Israels ein Haus der Anbetung in der Wüste bauen, wenn sie von Ort zu Ort wanderten und die Wolkensäule eines Tages weiterziehen konnte und sie ihnen folgen mussten? Sie konnten nicht." Sie nahmen auf dem Marsch ein Gebäude aus Holz und Stein mit, und sie konnten nicht an jedem Ort, an dem sie ein paar Tage Halt machten, ein neues bauen. Aber Gott gab Moses die Idee eines Heiligtums, das ihrem Zweck vortrefflich entsprach, weil sie es mitnehmen konnten es mit sich. Haben Sie eine Vorstellung davon, was für ein Gebäude das war, das sie überall hin mitnehmen konnten?" Wenn Sie keine Antwort erhalten, fahren Sie fort. „Wenn eine Armee auf dem Marsch ist, können die Soldaten nicht über Nacht Häuser bauen, in denen sie schlafen können; was haben sie als Unterschlupf?" (Die Kinder werden wahrscheinlich wissen, dass die Soldaten in Zelten lagerten.) „Als die Kinder Israels in der Wildnis umherzogen, mussten sie in Zelten und Hütten leben, die sie auseinandernehmen, wieder zusammenbauen und von dort mitnehmen konnten." Ort für Ort, und so musste ihr Heiligtum auch eine Art Zelt sein, das sie auseinandernehmen und wieder zusammenbauen konnten. Aber es war kein gewöhnliches Zelt. Seine Vorhänge waren aus feinsten Stoffen gefertigt, auf die wunderschöne farbige Muster eingewebt waren von den berühmtesten Künstlern der Zeit. Das Holz, das für die Stangen verwendet wurde, auf denen die Vorhänge ruhten, war das allerbeste Holz, das man bekommen konnte, und alles, was sich in der Stiftshütte befand, sollte so schön sein, wie es nur Menschenhand konnte mach es."

Denken Sie an die Begeisterung, mit der die Israeliten auf die Nachfrage nach Material und Arbeitskraft für den Bau der Stiftshütte reagierten, und an das Lob, das die Bibel ihren Künstlern Bezalel und Aholiab schenkt, die Gott „mit dem Geist Gottes" erfüllte in Weisheit, in Verständnis und in Wissen und in jeder Art von Kunstfertigkeit." (Exodus 35, 31.)

Nach dieser allgemeinen Einführung ist es gut, wenn der Lehrer ein Bild der Stiftshütte zeigt, um der Klasse eine bessere Vorstellung davon zu geben. [14] Dies wird aber nur das Äußere zeigen. Zeichnen Sie an die Tafel den Plan der Stiftshütte und zeigen Sie nicht nur die Aufteilung in Vorhof, Heiligtum und Allerheiligstes, sondern auch die Lage des Messingaltars, des Beckens, des Räucheraltars, des Schaubrottisches usw Menora und die Bundeslade.

Fahren Sie dann fort: „Ich habe Ihnen ein Bild von der Außenseite des Tabernakels gezeigt. Lassen Sie uns nun hier hineingehen, wo die Vorhänge zur Seite gezogen sind, um uns einzulassen. Wir befinden uns in einem großen offenen Hof. Er ähnelt überhaupt nicht den Synagogen." Wir sind es gewohnt. Es hat zwar Wände, aber sie bestehen aus Vorhängen, und die Decke hat überhaupt keine, außer dem blauen Himmel darüber. Es gibt auch keine Sitzplätze, aber jeder steht während des Gottesdienstes, der besteht zum größten Teil das Opfern eines Tieres auf dem Altar, begleitet vom Spielen von Musikinstrumenten und dem Singen von Hymnen durch die Leviten, [15] (Männer des Stammes Levi), denen die Sorge um das Heiligtum oblag anvertraut. Nach dem Opfer, das von Aaron oder einem seiner Söhne durchgeführt wird, segnen die *Kohanim* oder Priester die Gemeinde mit ausgestreckten Händen in Worten, die immer noch Teil des Gottesdienstes sind und die deine Eltern sagen, wenn sie dich am Sabbat und an Feiertagen segnen. „Der Herr segne dich und behüte dich, der Herr lasse sein Angesicht leuchten über dir und sei dir gnädig, der Herr erhebe sein Angesicht über dir und gebe dir Frieden" (4. Mose 6, 22-27). Aber dieser Teil Der Teil der Stiftshütte ist nicht der heilige Teil, der Heiligtum oder heilige Stätte genannt wird. In diesen heiligen Ort, der durch Vorhänge mit Vorhängen vom Vorhof getrennt ist und eine Art Dach hatte, nicht aus Holz, sondern aus rot gefärbten Widderfellen und Dachsfellen, durften nur die Priester, die selbst heilig sind, weil sie ganz sind Das Leben wird dem Dienst Gottes übergeben, kann kommen. Aber aus dem, was uns die Bibel sagt, wissen wir genau, was darin enthalten war." Beschreiben Sie dann die Ausstattung des Heiligtums und fahren Sie fort: „Das Allerheiligste ist jedoch nur Aaron, oder nach seinem Tod der Oberpriester seiner Zeit." , genannt Hohepriester, durfte eintreten, und das nur einmal im Jahr am großen Versöhnungstag oder wenn Gott ihn rief. Und das Allerheiligste, wie es genannt wurde, enthielt nichts als eine wunderschöne Lade oder Kiste, von der ich Ihnen ein Bild zeigen werde, und in dieser wunderschönen, mit Gold bedeckten und kunstvoll verzierten Lade befanden sich die beiden steinernen Tafeln Gottes die er Mose gegeben hatte, mit den darauf eingravierten zehn Geboten.

Verlassen Sie sich nicht zu sehr auf Beschreibungen, die leicht ermüdend werden, sondern zeigen Sie Bilder aller wichtigen Gegenstände im Heiligtum und der Priestergewänder.

In der Diskussion, die auf die Präsentation der Lektion folgt, assoziieren Sie die Stiftshütte erneut mit der Synagoge und betonen Sie diesmal eher Gemeinsamkeiten als Unterschiede. Somit ist die Position der *Sefer Thora* im *Aron* , die den auffälligsten Platz in der Synagoge einnimmt, analog zur Position der Gesetzestafeln in der Bundeslade in der Stiftshütte. Ebenso der *ner Tamid* ist das Analogon der *Menora* usw.

Aber genauso wie die Präsentation der Lektion nicht nur durch das gesprochene Wort erfolgte, sollte die Wiedergabe nicht nur in Worten erfolgen, sondern die Klasse sollte ermutigt werden, Bilder des Heiligtums und seiner Objekte zu zeichnen, und zwar die besten Zeichnungen hing im Zimmer herum. Auf diese Weise kann der Impuls, Kunst in den Dienst der Religion zu stellen, sofort genutzt werden, indem den Kindern ermöglicht wird, Kunst zur Verschönerung der Religionsschule einzusetzen, die ihnen auch als *Miḳ - Strich ansprechend gemacht werden sollte me'a ṭ* „ein kleines Heiligtum."

# KAPITEL XII

## PROZESSE GEGEN MOSES UND ISRAEL IN DER WÜSTE
### 3. Mose 10,1-7. Numeri 9,15-23, außerdem 11,1 bis 12,16

**Deutung.** Wir haben in diesem Kapitel eine Reihe von Episoden der Wanderung der Kinder Israels zusammengefasst, weil jede davon zu klein ist, um eine einzelne Lektion zu belegen, und weil sie sich alle mit demselben allgemeinen Thema befassen, wenn auch mit erheblichen Variationen – Rebellion und Co Bestrafung.

In Bezug auf die Episode vom Tod von Nadab und Abihu, die in 3. Mose 10, 1 bis 3 aufgezeichnet ist, beschreibt die Bibel ihr Vergehen als das Einbringen von „fremdem Feuer" in das Heiligtum. Dieses Vergehen an sich scheint in keinem Verhältnis zur Strafe zu stehen, weshalb die Rabbiner in ihren Kommentaren zu der Passage einerseits versuchen, die Strafe der Söhne Aarons auf Sünden zurückzuführen, die im Text nicht ausdrücklich erwähnt sind, wie beispielsweise die Sünde von während des Gottesdienstes betrunken zu sein, was sie aus der Tatsache ableiteten, dass das Verbot des Trinkens vor der Durchführung eines Opfers unmittelbar auf die Erzählung dieses Vorfalls folgte, oder andererseits, Nadab und Abihu als Märtyrer zu betrachten, die durch das Göttliche starben verfügt, die Heiligkeit des Tabernakels und seines Rituals zur Schau zu stellen, ohne sich wirklich den göttlichen Unmut zugezogen zu haben. Diese Interpretation basiert auf 3. Mose 10, 3: „Da sprach Mose zu Aaron: ‚Dies ist es, was der Herr geredet hat, nämlich: ‚Durch die, die mir nahe sind, werde ich geheiligt und vor dem ganzen Volk werde ich verherrlicht werden.' „Und Aaron schwieg." Sicherlich kann dieser Vers so ausgelegt werden, dass Nadab und Abihu für ihr Versäumnis, Gott zu heiligen, bestraft wurden, aber angesichts der Tatsache, dass der hebräische Begriff für Märtyrertum „ *k iddush ha- shem* " ist, „die Heiligung des Namens Gottes". „Und in Anbetracht der Tatsache, dass man von Moses unter diesen Umständen eher erwarten würde, dass er Aaron, der selbst unschuldig war, etwas Tröstendes sagt, anstatt die Bosheit seiner Söhne zu betonen, darf diese Sicht auf den Vorfall nicht leichtfertig sein entlassen. Tatsächlich legt die einfache Lektüre des Textes eine Kombination dieser beiden Interpretationen nahe. Indem Nadab und Abihu „fremdes Feuer" nahmen, also Feuer, das nicht von der göttlich entzündeten Flamme auf dem Altar stammte (3. Mose 9, 24), hatten sie ihre priesterlichen Vorrechte missbraucht und sich selbst zu Herren des Rituals des Heiligtums gemacht statt seiner Diener. Aber eine solche rituelle Übertretung wäre vielleicht verziehen worden, wenn nicht die Bedeutung des Anlasses, die Weihe des Tabernakels und die Würde ihres Amtes von ihnen verlangt hätten, in ihrem Verhalten außerordentlich umsichtig zu sein. Ihre Strafe war daher härter, als das Vergehen im Falle einer anderen Person als einer geweihten Person rechtfertigen würde. Seine Schwere entsprach eher der Heiligkeit des verletzten Heiligtums und des entweihten Priesteramtes als der Abscheulichkeit des Vergehens an sich, und es drückte Gottes Wunsch aus, dem Volk die Heiligkeit der Stiftshütte einzuprägen und sein Ritual. Im Umgang mit Nadab und Abihu handelte Gott im Einklang mit der rabbinischen Aussage, dass „Gott mit den Gerechten sogar um Haaresbreite anspruchsvoll ist", und die Rabbiner konnten daher den Tod der Söhne Aarons einigermaßen in Betracht ziehen das Licht des Martyriums.

Die übrigen Vorfälle, mit Ausnahme der Prophezeiungen von Eldad und Medad, sind, wie wir bereits sagten, Beispiele für Rebellion und ihre Bestrafung. Es sind interessante Beispiele für die Prüfungen, die Moses während seiner Führung des Volkes erduldete. Ihre Moral ist die Pflicht zur Loyalität gegenüber der legitimen Autorität. Die Bestrafung der Menschen in Kibrothhattaavah ist ein hervorragendes Beispiel dafür, wie übermäßiges Verlangen seine eigene Bestrafung nach sich zieht, und legt als einen der Gründe für Loyalität, Unterwerfung und Disziplin die Tatsache nahe, dass das, was wir uns am meisten wünschen, nicht immer das ist, was wir am meisten wollen nützlich für uns, eine sehr wichtige Moral für Kinder.

Die Sünde Miriams wird von den Rabbinern als „ *Lashon Hara* " „Verleumdung" beschrieben. Die Lehre daraus ist, dass es nicht nur falsch ist, gegen eine gerechte Führung zu rebellieren, sondern sogar die Ehre zu schmälern, die edlen Charakteren gebührt. Die Anklage, die Aaron und Miriam gegen Moses erhoben, bezog sich nicht auf einen moralischen Verstoß oder einen Verstoß gegen das Gesetz, denn die Tora verbietet ausdrücklich Mischehen nur mit dem Volk Kanaans, die Auslegung des Gesetzes soll es nur auf alle Mischehen anwendbar machen etwa aus der Zeit Esras und Nehemias. Einer jüdischen Überlieferung zufolge ist die kuschitische Frau, die Moses geheiratet hatte, mit Zipporah, der Tochter Jethros, identisch. Dies wäre natürlich unhaltbar, wenn mit Kusch notwendigerweise Äthiopien gemeint wäre, wie es üblicherweise wiedergegeben wird, aber es wird allgemein angenommen, dass es auch ein arabisches Kusch gab, in diesem Fall ist die Identifizierung möglich. Miriams Groll hatte also keine religiösen Gründe. Der Vorfall wird wahrscheinlich in der Bibel aufgezeichnet, weil er die Gelegenheit bietet, den geduldigen und verzeihenden Charakter Moses zu offenbaren.

Dasselbe wird noch deutlicher durch die Antwort Moses an seinen übereifrigen Jünger Josua, als ihm gesagt wurde, dass Eldad und Medad im Lager prophezeit hätten. Seine einzige Antwort ist: „Ich wünschte, das ganze Volk des Herrn wäre Prophet." Da die Prophezeiung eine Gabe war, die dem Rat der siebzig Ältesten verliehen wurde (4. Mose 11, 25), den Moses zu ernennen befohlen worden war, könnte die Tatsache, dass Eldad und Medad, die nicht zu den siebzig gehörten, dennoch „prophezeiten", durchaus durchaus vorhanden sein wurde als Hinweis auf eine anmaßende und rebellische Haltung ausgelegt. Nach einer Überlieferung, die durch Numeri 11,26 weitgehend gestützt wird, betrug die Zahl der ursprünglich ausgewählten Männer zweiundsiebzig, sechs aus jedem Stamm, aber von diesen beiden sollten Eldad und Medad durch das Los eliminiert werden, anstatt jemand anderen einzusetzen Zu seiner möglichen Verlegenheit weigerte er sich, zur Stiftshütte zu gehen, als das Los genommen wurde. So viel von der *Haggadah* wird in dem Vers zumindest angedeutet, dass Eldad und Medad ursprünglich für diese Versammlung der Ältesten bestimmt waren, denn sie waren *Ba-Ketubim* unter denen, die „aufgezeichnet" wurden, schlossen sich aber nicht dem Rest an, weil sie nicht hinausgegangen waren „zum Zelt und sie prophezeiten im Lager." Wenn wir annehmen, dass ihr Verzicht auf den Besuch der Stiftshütte eine freiwillige Weigerung war, ein Amt zu übernehmen, steht ihr Verhalten in auffallendem Gegensatz zum Verhalten Korahs und seiner Anhänger.

**Ziel.** Ziel dieser Lektion ist es, Kindern die Pflicht zu Gehorsam, Disziplin und Selbstbeherrschung beizubringen. Der Kontrast zwischen der Haltung von Nadab und Abihu und der von Moses zeigt, dass eine demütige und bescheidene Haltung wünschenswert ist, insbesondere seitens der Autoritäten, während die Bestrafung der Rebellion des Volkes in Taberah und Kibroth-hattaavah und von Miriam für ihre ungerechtfertigte Kritik an Moses lehrte die Notwendigkeit der Unterwerfung unter gerechte Autorität und Loyalität gegenüber uneigennütziger Führung.

**Vorschläge für den Lehrer.** Ein kurzer Rückblick in Form von Fragen und Antworten auf die vorherige Lektion dient als Anknüpfungspunkt für die Geschichte der Sünde der Söhne Aarons. Erzählen Sie, wie es nach der Fertigstellung der Stiftshütte eine große Feier gab, die acht Tage lang andauerte. Während dieser Zeit lehrte Mose Aaron und seine Söhne, die als Priester die Opfer für das Volk bringen und im Allgemeinen die Führung in der Stiftshütte übernehmen sollten Gottesdienst, was sie genau tun sollten, wann, wo und wie die geopferten Tiere getötet werden sollten, wie das Räucherwerk hergestellt werden musste, das verbrannt werden musste, wie das Schaubrot arrangiert und die Kuchen des Speisopfers zubereitet werden sollten, usw. Am achten Tag zündete Gott selbst mit Feuer vom Himmel das Holz an, das auf dem Altar aufgestapelt worden war, und entzündete so dort das Feuer, das den Priestern niemals erlöschen, sondern immer weiter brennen durfte. Achten Sie darauf, die Kinder von der Sündhaftigkeit des Verhaltens von Nadab und Abihu zu überzeugen, was mit der bloßen Darstellung der Tatsachen, wie sie in der Bibel aufgezeichnet sind, nicht erreicht werden kann. Dies kann erreicht werden, indem man auf folgende

Weise etwas von der Feierlichkeit des Anlasses und der Frivolität ihrer Haltung andeutet:

„Und Aaron und zwei seiner Söhne, Elieser und Ithamar, hörten sehr aufmerksam auf alle Anweisungen, die sie von Mose erhalten hatten, und waren entschlossen, sie genau auszuführen. Sie fühlten sich als Priester aus dem ganzen Volk ausgewählt, um sie zu führen Als Anbeter Gottes war es ihre Aufgabe, ein Beispiel für treuen Gehorsam gegenüber allem zu sein, was Er sagte, den kleinen wie den großen. Aber die beiden anderen Söhne Aarons, Nadab und Abihu, fühlten anders. Auch sie waren stolz von ihrem neuen Amt als Priester, aber anstatt das Gefühl zu haben, dass sie das Volk im Gehorsam gegenüber Gottes Gesetzen führen müssen, wie sie von Mose gelehrt wurden, hatten sie das Gefühl, dass sie als Priester mit dem Dienst tun konnten, was sie wollten, und nicht den Anweisungen von folgen mussten Mose. Als ihnen also gesagt wurde, sie sollten das Räucherwerk mit Feuer verbrennen, das an der Flamme des Altars angezündet wurde, die Gott angezündet hatte, sagten sie sich: „Welchen Unterschied macht es, ob wir das Räucherwerk mit diesem heiligen Feuer verbrennen oder mit irgendeinem anderen", so sagten sie nahmen „fremdes Feuer", also Feuer, das sie selbst angezündet hatten, und brachten es in das Heiligtum, um zu zeigen, dass sie als Priester den Gottesdienst nach Belieben verrichten konnten. Darüber war Gott sehr zornig. Hätte ein gewöhnlicher Israelit in einer Kleinigkeit ungehorsam gewesen, wäre das kein so großes Vergehen gewesen, aber Nadab und Abihu waren Priester, von denen Gott erwartete, dass sie das Volk zum Gehorsam führen würden, und die nun am Tag der Einweihung ein Beispiel des Ungehorsams gegeben hatten der Stiftshütte zum Dienst Gottes. Es war, als hätte eine Lehrerin ihre Klasse eine Zeit lang verlassen und sich um einen Aufseher gekümmert, dem sie vertraute, und dann später herausgefunden, dass dieser Aufseher ihr selbst nicht gehorcht und der Klasse in ihrer Abwesenheit ein Beispiel des Ungehorsams gegeben hätte. Glauben Sie nicht, dass die Lehrerin wütender auf ihren Vorgesetzten sein würde, als wenn er nie in dieses Amt berufen worden wäre? Darum war Gott nun so zornig auf Nadab und Abihu und beschloss, dass Er, da sie ein Beispiel der Rebellion und des Ungehorsams gegeben hatten , ihre Bestrafung zu einem Beispiel machen würde, damit andere gebührend gewarnt würden, nicht das zu tun, was sie getan hatten." Dann folgt die Geschichte vom Tod von Nadab und Abihu. Versäumen Sie nicht, über Aarons Rücktritt in Anerkennung der Gerechtigkeit Gottes nachzudenken.

hattaavah seinen Namen gab, ist es gut, andere Beispiele zu nennen, um zu zeigen, dass das, was wir uns am meisten wünschen, nicht immer das Beste für uns ist, und die Kinder Beispiele nennen zu lassen, da dies eine Moral von besonderer Bedeutung für die Kindheit ist Dies legt einen Grund für die Achtung vor den Ältesten nahe, von der die Erziehung der Kinder abhängt.

Der Fall des Vielfraßes, der sich nach Nahrungsmitteln sehnt, die nicht gut für ihn sind, des Trinkers, der sich nach Getränken sehnt, die seinen Untergang beweisen, des Kindes, das das Schulschwänzen oder das Streben nach Vergnügen dem Fleiß beim Lernen usw. vorzieht, können alle als Beispiele dienen der Sünden, die bloße Nachsicht, die ihre eigene Strafe nach sich zieht. Aber denken Sie besonders an die Tatsache, dass das Kind nicht so gut weiß, was für sein eigenes Wohl ist, wie seine Eltern wissen, und an die daraus resultierende Pflicht des Kindes, sich ihrem Urteil zu beugen.

Die Erzählung der Beziehungen Moses zu Eldad und Medad stellt keine Schwierigkeit dar. Beim Erzählen von Miriams Sünde und Strafe sollte der Schwerpunkt eher auf dem verzeihenden und großmütigen Geist Moses liegen als auf der Kleinlichkeit von Miriams Haltung. Weisen Sie darauf hin, wie verletzt Moses sich über Miriams ungerechtfertigte Anschuldigung gefühlt haben muss, die andeutete, dass Moses versuchte, sich selbst Autorität anzumaßen, dass er aber dennoch keine Genugtuung verspürte, als Gott Miriam bestrafte, sondern darum betete, dass sie geheilt und vergeben werde. Gottes Rechtfertigung für Moses (4. Mose 12, 6-8) sollte in biblischer Sprache zitiert werden.

# KAPITEL XIII

## DIE SPIONALE
### Nummern 13.1 bis 14.45. Deuteronomium 1,20-46

**Deutung.** Über die Interpretation dieser Episode muss wenig gesagt werden, da die biblische Erzählung ihren Standpunkt sehr deutlich macht. Es zeigt uns die Folgen eines Mangels an Glauben und eines Mangels an Mut, den der Glaube inspiriert. Als Ersatz für diesen aus dem Glauben geborenen Mut kann nicht einmal die Wut der Verzweiflung nützen. Dies wird durch die verheerende Niederlage der Israeliten veranschaulicht, als sie aus Angst vor der Strafe für ihre frühere Feigheit schließlich entgegen dem Rat Moses zum Angriff stürmten und die Bundeslade hinter sich ließen. Die Geschichte ist darüber hinaus bedeutsam, weil sie den vorsehungsvollen Zweck der vierzigjährigen Wanderung durch die Wildnis zeigt – nämlich die Aufzucht einer neuen Generation, die allen Strapazen gewachsen ist und von der Hoffnung auf zukünftige Triumphe erfüllt ist. Die Fehler dieses Sklavenvolkes, die einer Korrektur bedurften, werden anschaulich in dem Bild veranschaulicht, das die Bibel von der Rezeption zeichnet, mit der die Worte der zehn Spione bzw. von Josua und Kaleb aufgenommen wurden: die Panik und Rebellion, das wirkungslose Wehklagen, der Ruf nach einem neuer Anführer, der sie nach Ägypten zurückführt, und die Drohung, ihre derzeitigen Anführer zu steinigen. Die erhabene Hingabe Moses wird uns erneut in seinen Bitten für das Volk und seiner Ablehnung einer glorreichen Zukunft für sich und seine Nachkommen veranschaulicht, an der Israel keinen Anteil haben sollte.


**Ziel.** Das Ziel dieser Lektion besteht darin, das Herz des Kindes mit Bewunderung für die Tugenden des Glaubens und des Mutes zu wecken. Es sollte dazu beitragen, in seinem Geist die Verbindung seiner Religion mit all den heroischen Tugenden zu etablieren, die dem Herzen der Knaben am Herzen liegen.

**Vorschläge für den Lehrer.** Bevor Sie diese Geschichte erzählen, lesen Sie den biblischen Bericht in Numeri und Deuteronomium sorgfältig durch, um den Geist der biblischen Erzählung zu verstehen. Die Bibel hört nicht auf zu moralisieren, sondern erzählt ihre Geschichte anschaulich und dramatisch, und das sollte auch der Lehrer tun. Die Worte der zehn Kundschafter einerseits und von Josua und Kaleb andererseits sollten in direkter Ansprache und in biblischer Sprache vorgetragen werden. Versuchen Sie, dem Kind dabei zu helfen, sich die Szene im Lager vorzustellen, als die Spione zurückkehrten und Bericht erstatteten. Helfen

Sie ihm, die Psychologie des Volkes zu verstehen, indem Sie ihn darauf aufmerksam machen, was es für sie, ein in der Kriegsführung ungeübtes Volk, bedeutet, gegen die Kanaaniter zu kämpfen, sicher in ihren befestigten Städten. Schwieriger wird es sein, den Schülern das Motiv für den überstürzten Angriff, den das Volk schließlich verübte, zu begreifen. Dies muss geschehen, indem man ihnen Bilder von den Strapazen der bevorstehenden Wanderungen der Israeliten in der Wildnis vor Augen führt , die es ihnen unmöglich machen, sich weiteren Wanderungen als Alternative zu einer möglichen Niederlage gegen die Kanaaniter zu stellen. Versuchen Sie, die Klasse dazu zu bringen, die Situation mit den Augen der damaligen Israeliten zu betrachten. Dies kann erreicht werden, indem man etwa wie folgt mit ihnen spricht:

„Als Mose dem Volk gesagt hatte, dass es zur Strafe vierzig Jahre lang in der Wildnis umherwandern müsse, bis alle gestorben seien und eine neue Generation herangewachsen sei, die ihre Plätze einnehme, fürchteten sie sich noch mehr als je zuvor. So verängstigt sie es auch getan hatten." Während sie daran dachten, gegen die riesigen Kanaaniter in ihren ummauerten Städten Krieg zu führen, fürchteten sie sich noch mehr bei dem Gedanken, noch weitere vierzig Jahre in der Wildnis umherwandern zu müssen, tatsächlich den Rest ihres Lebens, und sie nie wieder zu sehen Land, das Gott ihren Vätern versprochen hatte, wo sie die ganze Zeit geglaubt hatten, dass sie wenigstens Ruhe von ihren Nöten und Mühen finden würden. Sie dachten an alles, was sie bis dahin auf der Reise ertragen hatten. Die sengende Hitze der Wüstensonne bei Tag, die beißende Kälte der Wüstenwinde bei Nacht, der Hunger und der Durst, die langen Märsche über baumlose, felsige Hügel und Täler. Doch die ganze Zeit über hatte sie der Gedanke getröstet, dass eines Tages das Ende kommen würde und sie es tun würden in ihrem neuen Land, dem Land der Verheißung, Ruhe finden können. Aber selbst diese Hoffnung wurde ihnen nun genommen und sie fühlten, dass alles besser wäre, als bis zu ihrem Tod in der Wildnis umherzuwandern. Sogar im Kampf gegen die Kanaaniter getötet zu werden schien jetzt besser. Da sagten sie: „Siehe, wir sind hier und werden zu dem Ort hinaufgehen, den der Herr versprochen hat; denn wir haben gesündigt'."

Es kann sich auch als schwierig erweisen, dem Kind verständlich zu machen, warum dieser Frontwechsel für Gott nicht akzeptabel war. Das Kind analysiert das Motiv nicht von Natur aus und würde, wenn es nicht darauf aufmerksam gemacht wird, nicht verstehen, warum die Israeliten, da sie tatsächlich hinaufzogen, um den Feind anzugreifen, mit der Zurückdrängung bestraft wurden. Dies lässt sich am besten dadurch erreichen, dass man Analogien zu Situationen im Erfahrungsbereich eines Kindes vorschlägt. Wenn man dieses Thema diskutiert, kann man, nachdem man seine Erzählung abgeschlossen hat, genau diese Frage aufwerfen.

„Warum sagte Gott, er würde nicht bei ihnen sein, wenn sie zum Angriff auf den Feind aufbrechen würden, nachdem sie ihre Meinung geändert hatten?“ und wenn man keine zufriedenstellende Antwort erhält, kann man es folgendermaßen erklären:

„Wenn die Israeliten beschlossen hätten, den Feind sofort anzugreifen, nachdem sie die Worte Josuas und Kalebs gehört hatten, wäre Gott bei ihnen gewesen und hätte ihnen geholfen, den Sieg zu erringen. Doch als Gott zu der Zeit wollte, dass sie gingen, waren sie nicht bereit. Sie glaubten nicht, dass Er ihnen helfen würde. Als sie später gehen wollten, weil sie Angst hatten, vierzig Jahre lang in der Wildnis umherzuwandern, war es zu spät. Gott war damals nicht bereit. Die Zeit, einem Befehl zu gehorchen, ist dann, wenn er da ist Wenn ein Lehrer einem Jungen eine Schulaufgabe geben würde und er sich weigerte, bis sie ihm sagte, er solle nach der Schule zu Hause bleiben, um sie zu erledigen, und erst dann stimmte er zu, die Arbeit zu erledigen Glaubst du, dass die Lehrerin damit zufrieden sein würde, anstatt zu Hause zu bleiben? Nein, sie würde mit Recht sagen: „Du hattest deine Chance zu gehorchen, als die anderen Kinder sie hatten, und wenn es dir jetzt leid tut, zeig es, indem du die Strafe auf dich nimmst, die du verdienst.“ ."

---

# KAPITEL XIV

## WEITERE PROZESSE VON MOSES
### Numeri 16,1 bis 17,26, außerdem 20,1 bis 13 und 21,5 bis 9

**Deutung.** Der zentrale Gedanke, der sich durch alle wichtigen Episoden dieser Kapitel zieht, ist die Ungeheuerlichkeit des Führungsproblems, mit dem Moses konfrontiert war, und der Kontrast zwischen den selbstsüchtigen und launischen Leidenschaften des Volkes, Leidenschaften, die ständig die Existenz Israels bedrohten, und die erhabene Geduld und Beständigkeit von Moses, obwohl seine auf die Probe gestellte Geduld einmal der Belastung nicht länger standhalten kann und er die Sünde begeht, durch die er sein Recht auf Eintritt in das Gelobte Land verwirkt.

Die Schwierigkeiten, mit denen Moses vor dem in der vorangegangenen Lektion beschriebenen Ereignis zu kämpfen hatte, vervielfachten sich nach diesem Ereignis. Wenn die Menschen vor dieser Zeit unruhig und unzufrieden gewesen waren, wenn sie mit einer Schwierigkeit konfrontiert wurden, obwohl sie sich immer trösten konnten, indem sie dem Ende ihrer Reise im Land der Verheißung entgegensahen, war es nur natürlich, dass ihre Unzufriedenheit danach noch deutlich zunahm. Sie hatten damit gedroht, ein anderes Oberhaupt zu ernennen, das sie nach Ägypten zurückführen sollte, und obwohl dies damals vielleicht nur eine leere Drohung war, fand die Opposition gegen Moses bald einen Anführer in der Person von Korah, dem Sohn von Izhar. Obwohl er selbst ein Levit war, strebte er nach dem höheren Amt des Priestertums, zu dem Aaron und seine Familie ernannt worden waren, gab sich aber mit dem Instinkt des wahren Demagogen als Vorkämpfer des Volkes gegen die willkürliche Autorität der levitischen Priesterschaft aus und von Moses bei der Ernennung Aarons und seiner Söhne zu Priestern. Er sagte zu Mose und Aaron: „Ihr nimmt zu viel auf euch, da die ganze Gemeinde heilig ist, jeder von ihnen, und der Herr ist in ihrer Mitte. Warum erhebt ihr euch dann über die Gemeinde des Herrn?" (4. Mose 16, 3.) Moses' Antwort an Korah zeigt, dass er durch diese anmaßende Vorherrschaft des Volkes den Neid und Ehrgeiz Korahs durchschaute, die seine wahren Motive waren. „Hört nun, ihr Söhne Levis: Ist es für euch nur eine Kleinigkeit, dass der Gott Israels euch von der Gemeinde Israels getrennt hat, um euch zu Ihm zu bringen und den Dienst an der Stiftshütte des Herrn zu verrichten? vor der Gemeinde zu stehen, um ihnen zu dienen; und dass er dich und alle deine Brüder, die Söhne Levis, mit dir herbeigeführt hat? Und wollt ihr auch das Priestertum anstreben? Darum du und deine ganze Gemeinde, die du gegen den Herrn versammelt hast – und was Aaron betrifft, was ist er, dass ihr gegen ihn murrt?" (Numeri 16, 8 bis 11.) Aber Korahs Eintreten für die Ansprüche ganz Israels auf das Priestertum brachte ihm eine große Anhängerschaft unter den anderen Stämmen ein, insbesondere unter ihren ehrgeizigen Anführern. Dathan und Abiram, die Söhne Eliabs, und On, der Sohn Peleths , alle aus dem Stamm Ruben, sind seine besonderen Handlanger, und es war ihm auch gelungen, zweihundertfünfzig der „Fürsten der Gemeinde" für seine Sache zu gewinnen , die auserwählten Männer der Versammlung, angesehene Männer." Der Aufruhr hatte sich so weit ausgeweitet, dass nichts den Rückfall in einen völligen Zustand der Anarchie hätte verhindern können, außer der Vernichtung aller Beteiligten, und zwar auf eine Weise, die so eindrucksvoll war, dass sie den göttlichen Zweck deutlich erkennen ließ. Dafür sorgte die im Text erzählte Tortur. Aber die Unzufriedenheit hatte sich so weit ausgeweitet, dass viele Menschen den Tod Korahs und seiner Anhänger verärgerten und dazu neigten, Moses dafür verantwortlich zu machen, bis das Wunder des Aufblühens von Aarons Stab sie überzeugte. Für den Bibelforscher ist es notwendig, das Ausmaß und die Bedeutung von Korahs Rebellion zu verstehen, damit er sich nicht vorstellt, dass die Strafe Korahs und seiner Anhänger nur wegen einer Straftat der „ Lèse" auf ihnen lastet „Majestät " und daher in keinem Verhältnis zur Straftat stehen.

Die Erzählung über die Sünde von Moses und Aaron, derentwegen es ihnen verboten wurde, das Gelobte Land zu betreten, macht dem modernen Leser nicht ganz klar, was die Bibel als ihre Sünde ansieht. Eine mögliche Interpretation ist jedoch, dass Moses mit seinen Worten: „Hört nun, ihr Rebellen, sollen wir euch Wasser aus diesem Felsen hervorbringen?" (Numeri 20, 10), woraufhin er auf den Felsen schlug und nicht mit ihm sprach, wie Gott es befohlen hatte, verhinderte, dass der Vorsehungscharakter des Fließens des Wassers offensichtlich wurde. Der Vorfall könnte von der allgemeinen Meinung so interpretiert worden sein, als ob Moses durch die Magie seines Stabes selbst das Wasser zum Fließen gebracht hätte, was durch die Verwendung der ersten Person „Sollen wir dir Wasser hervorbringen" nahegelegt wird? und durch sein Versäumnis, Gottes Gebot buchstäblich zu befolgen. Auf diese Weise ließ er sich die Gelegenheit entgehen, den Namen Gottes zu heiligen, indem er der Leidenschaft nachgab und in der Zeit mehr an seinen persönlichen Kummer als an seinen Dienst für Gott dachte. Da dies der Natur der Sünden dieser Generation Israels entsprach, sollten er und Aaron auch ihren Anteil an der Bestrafung Israels haben und das Gelobte Land nicht betreten.

Der Gedanke, der durch die Bestrafung von Nadab und Abihu angeregt wurde, taucht in diesem Zusammenhang erneut auf, nämlich: Je größer der Mann und seine Verantwortung, desto umsichtiger muss er in seinem Verhalten sein.

Der Vorfall mit der ehernen Schlange muss im Lichte des rabbinischen Kommentars zu diesem Thema interpretiert werden, auf den wir im

Zusammenhang mit dem Hochhalten der Hände Moses während des Kampfes mit den Amalekitern aufmerksam gemacht haben.

„Liegt es dann in der Macht einer Schlange, zu töten oder zum Leben zu erwecken? Aber solange die Israeliten zum Himmel blickten und ihre Herzen ihrem Vater im Himmel unterwarfen, wurden sie geheilt, und wenn nicht, wurden sie vernichtet." (Rosh ha-Shanah III, 8.) Indem das Volk zu der Messingschlange aufblickte, die Moses herstellen sollte, bezeugte es sozusagen seinen Glauben an die Macht Gottes, sie von den Bissen der Schlange zu heilen. Es ist interessant festzustellen, dass, als zu einem späteren Zeitpunkt in der Geschichte des Volkes die Schlange selbst zum Gegenstand der Verehrung und der Götzenanbetung wurde, sie auf Befehl von König Hiskia gemäß der Lehre der Propheten zerstört wurde (2 Könige 18. 4).

**Ziel.** Ziel dieser Lektion ist es, eine Wertschätzung für uneigennützige Loyalität, unerschütterlichen Glauben und ausgeglichenes Temperament sowie eine Verachtung für selbstsüchtigen Ehrgeiz, unkontrollierte Leidenschaft und Treulosigkeit zu entwickeln.

**Vorschläge für den Lehrer.** Die Methode zur Erreichung dieses Ziels besteht nicht darin, aus den Ereignissen der Erzählung eine abstrakte Moral abzuleiten, sondern man muss seine Geschichte mit Gefühl für ihren Helden, Moses, erzählen, und zwar so, dass sich der Schüler mit seinem Helden identifiziert und empfindet gegenüber den Feinden Moses eine fast persönliche Feindseligkeit. Bevor das Kind die Pubertät erreicht, ist die Analyse des Charakters für es nicht selbstverständlich und die Diskussion über die Tugenden und Laster der Menschen fruchtlos, aber die Nachahmung des Charakters ist natürlich, und Heldenverehrung ist der Hebel, mit dem es dazu gebracht werden kann, Liebe für das Kind zu entwickeln Tugend und Abscheu vor dem Laster.

Um den Charakter von Moses in ein heroisches Licht zu rücken, muss die Klasse die Tiefe der Undankbarkeit und des Verrats erkennen, mit denen Moses ständig zu kämpfen hatte, und wie schwierig dies seine Führungsaufgabe machte. Fordern Sie zunächst ein Kind auf, die Geschichte der vorangegangenen Lektion zu erzählen. Machen Sie dann darauf aufmerksam, wie traurig sich Mose gefühlt haben muss, als er nach allem, was er für das Volk getan hatte, trotz aller Schwierigkeiten bereit war, ungehorsam zu sein und zu rebellieren, und wie sehr Mose sie geliebt und bemitleidet haben muss, als er zu Gott für sie gebetet hat lieber um Vergebung bitten, als einfach von Gott das Versprechen einer glücklichen Zukunft für sich und seine Nachkommen anzunehmen. Machen Sie darauf aufmerksam, dass dies nicht das erste Mal war, dass das Volk Mose nicht gehorchte und rebellierte oder gegen ihn murrte, und bitten Sie die Kinder, weitere Beispiele zu nennen. Ziehen Sie so viele Beispiele wie möglich heran, da dies nicht nur auf interessante Weise dazu beiträgt, die Erinnerung der Kinder an das, was sie bereits gelernt haben, aufzufrischen, sondern auch zu verstehen, was als nächstes folgt. Dann fahre fort:

„So wie das Murren des Volkes gegen Moses, als es den Bericht der zehn Kundschafter hörte, nicht das erste Mal ihrer Rebellion gegen ihren geduldigen Anführer war, so war es auch nicht das letzte Mal. Tatsächlich wurde es für Moses schwieriger, die Führung zu übernehmen die Menschen jetzt als je zuvor.“

Der Grund dafür lässt sich am besten durch eine Analogie aus der Erfahrung von Kindern erklären, wie zum Beispiel:

„Sie wissen, dass, wenn eine Baseballmannschaft ein Spiel nach dem anderen gewinnt, jeder den Kapitän lobt und alle Mitglieder der Mannschaft bereit sind, ihm zu gehorchen, aber wenn er ein Spiel nach dem anderen verliert, beginnen sie alle zu kritisieren und Fehler zu finden Jeder hat das Gefühl, dass er selbst ein besserer Kapitän gewesen wäre als der, der ausgewählt worden war, obwohl es vielleicht überhaupt nicht die Schuld des Kapitäns war, dass die Mannschaft keinen Erfolg hatte. So war es auch mit den Israeliten. Solange sie das noch hofften Mose wollte sie in ein Land führen, in dem Milch und Honig flossen. Sie waren im Großen und Ganzen bereit, ihm zu gehorchen, es sei denn, sie fürchteten sich wegen einer besonderen Not und fürchteten, dass er sie doch nie dorthin bringen würde; aber wann Mose selbst sagte ihnen, dass sie vierzig Jahre lang in der Wüste umherwandern müssten, bis alle erwachsenen Männer jener Zeit gestorben wären, und sie waren sehr verbittert gegen ihn. Anstatt sich selbst und ihre eigene Feigheit und ihren Mangel an Glauben dafür verantwortlich zu machen Gott, sie gaben Moses die Schuld, wie die Verlierermannschaft, die ihrem Kapitän die Schuld gibt und nicht ihrer eigenen schlechten Leistung. Und so dachten sie darüber nach, einen neuen Kapitän zu ernennen, einen anderen Mann als Moses, der als ihr Anführer fungieren sollte.

Stellen Sie an dieser Stelle der Klasse den Charakter Korahs vor und erzählen Sie ihnen von seinem Neid auf Moses, von seinem Verlangen nach der Position Aarons und von seinen subtilen Versuchen, die Führung zu sichern, indem er dem Volk sagte, dass sie alle so gut seien wie Moses und Aaron, denn sie alle waren Mitglieder eines „Königreichs von Priestern und einer heiligen Nation“.

Nachdem Sie den Erfolg von Korahs Propaganda beschrieben und auf die Hilflosigkeit von Moses und die extreme Gefahr seiner Position hingewiesen haben, erzählen Sie von Moses' Entscheidung, seine

Rechtfertigung Gott anzuvertrauen. Wenn Korah und seine Anhänger das Priestertum beanspruchen wollten, sollten sie als Priester fungieren, indem jeder in dem Räuchergefäß, das er in der Hand hielt, Weihrauch anzündete, und Gott würde zeigen, ob er sie als Priester annehmen wollte oder nicht.

Das Urteil, das über Korah und seine Anhänger verkündet wurde, bedeutet für das Kind dann die gerechte Strafe der Illoyalität und wird seine Abscheu vor den Eigenschaften Korahs und seinesgleichen verstärken, wenn der Lehrer es jedoch versäumt, den Weg vorzubereiten, indem er das Interesse des Kindes weckt In der Situation, wie sie sich zwischen Moses und dem Volk entwickelte, wird ihm die Geschichte nach der von uns vorgeschlagenen Methode kaum mehr bedeuten als der Bericht über ein Erdbeben. Aus Sicht der Religionspädagogik ist die Kenntnis der Art und Weise der Bestrafung Korahs weniger von Bedeutung als vielmehr das Verständnis der Sünde, für die er bestraft wurde.

Achten Sie beim Erzählen der Geschichte der Sünde von Moses und Aaron darauf, nicht den Anschein zu erwecken, dass sie den Charakter Moses beeinträchtigen. Wenn die vorherigen Lektionen richtig gelehrt wurden, sollte das Kind zu diesem Zeitpunkt eine tiefe Bewunderung für Moses entwickelt haben und geneigt sein, sich über jede Herabwürdigung seines Helden zu ärgern, bis hin zu dem Punkt, dass es insgeheim das Gefühl hat, dass die Sünde von Moses keine wirkliche Sünde war dass die Behandlung seines Lehrers ihm gegenüber ziemlich ungerecht war und lediglich ein Versuch war, sich dafür zu entschuldigen, dass Gott ihn nicht nach Kanaan einreisen ließ. Die Rabbiner sagen, dass der Grund dafür, dass Gott die Sünde von Nadab und Abihu erwähnte, darin bestand, uns davon abzuhalten, daraus zu schließen, dass ihr Tod eine Strafe für andere und schwerere Sünden war. Man kann sich des Eindrucks nicht erwehren, dass die Erzählung von der Sünde Moses einen ähnlichen Zweck hatte, denn gerade die Tatsache, dass Moses für ein scheinbar geringfügiges Vergehen so hart bestraft wurde, sollte zeigen, welche Wertschätzung er genoss und wie viel Gott von ihm erwartete er, in der Folge. Auf jeden Fall wäre es am besten, sich diesem Thema in diesem Geiste zu nähern. Der Schwerpunkt sollte auf der Provokation zur Sünde und auf der frommen Annahme seiner Strafe durch Moses und seiner Bereitschaft liegen, das Volk weiterhin in das Gelobte Land zu führen, auch wenn er nicht damit rechnen konnte, an ihrem endgültigen Triumph teilzuhaben. Die Liturgie für Simhath Tora enthält die Worte: „Moses starb. Wer soll nicht sterben?" Das Gefühl, das der Lehrer durch diese Lektion wecken sollte, ist in gewisser Weise ähnlich. „Moses hat gesündigt, wer kann ohne Sünde sein?" Wenn Moses, der als der sanftmütigste aller Menschen beschrieben wird, in einem Moment der Leidenschaft sündigen konnte, wie viel mehr sollten wir uns dann vor der

Sünde hüten, insbesondere wenn wir unter dem Einfluss der Leidenschaft stehen?

Wenn Sie erzählen, wie die Menschen, die von den Schlangen gebissen worden waren, geheilt wurden, als sie zu der Messingschlange aufblickten, die Moses gemacht hatte, achten Sie darauf, dass das Kind dem Bild der Schlange selbst keine Magie zuschreibt. Dies kann am besten erreicht werden, indem man ihnen die oben in unserer Interpretation vorgeschlagene Erklärung dieser Episode erzählt. Man könnte den Vorfall auch mit dem in Verbindung bringen, was sie über den Einfluss der Hände Moses im Kampf mit den Amalekitern erfahren hatten. Darüber hinaus wäre es vielleicht gut, ihnen zu erzählen, wie die falsche Vorstellung des Volkes von seiner Bedeutung in späteren Zeiten zu seiner Zerstörung durch einen frommen König von Juda führte.

---

# Kapitel XV

## ISRAEL KOMMT AN DER GRENZE DES VERSPRECHENEN LANDES
### Nummer 21.1 bis 3 und 21 bis 35, auch 22.1 bis 24.25, auch 31.1 bis 54 und 32.1 bis 42

**Deutung.** Die Wanderung durch die Wildnis, die in diesem Kapitel zu Ende geht, hat ihre gewünschte Wirkung gehabt und eine kampffähige Rasse hervorgebracht. Seine Macht wird durch die Notwendigkeit, seine Eroberungszüge durch das Gebiet von Sihon, dem König der Amoriter, und von Og, dem König von Baschan, voranzutreiben, auf die Probe gestellt.

Der Befehl, diese Nationen und das Gelobte Land selbst zu erobern, könnte für manche religiöse Schwierigkeiten bereiten. Tatsächlich sind solche Eroberungskriege für den häufig gegen die Religion im Allgemeinen erhobenen Vorwurf verantwortlich, dass sie Blutvergießen und Verfolgung in die Welt gebracht habe. Dies wäre jedoch eine völlig falsche Vorstellung von der Bedeutung dieses *mil h emet miz wah .*_ Wir müssen bedenken, dass Kriege in der Antike der Normalzustand waren. Wenn wir fragen, warum Gott dies angeordnet hat, können wir ebenso wenig eine Antwort geben wie auf die allgemeine Frage, warum Gott die Existenz des Bösen zulässt und dann möchte, dass der Mensch dagegen ankämpft. Aber kein religiöser Mensch glaubt wirklich, dass Gott das Böse will. Ebenso dürfen wir diese Kapitel nicht so interpretieren, dass Gott den Krieg wünscht oder jemals gewollt hat, sondern lediglich, dass Gott wollte, dass Israel siegt, weil Kriege zwischen den Nationen in einer Zeit unvermeidlich waren, in der es keine friedlichen Methoden zur Beilegung nationaler und Stammesstreitigkeiten gab Die Zivilisation war der von Kanaan überlegen. Sogar der Befehl, die Bewohner auszurotten, muss im Lichte der Tatsache ausgelegt werden, dass andernfalls die einzige Alternative ein ständiger Krieg zwischen den Rassen auf dem Land oder eine Assimilation Israels an die einheimischen Rassen mit dem Verlust der Hoffnung auf einen Sieg Israels wäre zur Welt. Immer wieder wird uns in der Thora gesagt, dass die einzige Rechtfertigung für die Eroberung Israels die Sündhaftigkeit der Nationen Kanaans ist und dass Israel aufgrund seiner Sündhaftigkeit der gleichen Behandlung unterworfen werden würde, die den Kanaanitern zuteil wurde. In den Kapiteln, die wir jetzt betrachten, ist zu beachten, dass der Befehl, das Land zu erobern, ursprünglich nur für Kanaan galt, auf das das Volk aufgrund des Erbes der dort ansässigen Patriarchen Anspruch erhob, und dass daher Alles, was ursprünglich von den transjordanischen Ländern verlangt wurde, ist das Recht, durchzukommen, ohne dabei Schaden zu nehmen. Erst wenn dies definitiv abgelehnt wird, dürfen die Israeliten zu den Waffen greifen.

Die Geschichte von Bileam und Balak ist als poetischer Ausdruck der Unbesiegbarkeit Israels bedeutsam. Bileam wird von Balak gerufen, um Israel wegen des Rufs zu verfluchen, den dieser heidnische Prophet und Zauberer genoss. Obwohl er durch die von Balak angebotenen Bestechungsgelder in Versuchung geführt wird, weiß er, dass Gott nicht zulassen wird, dass er einen wirksamen Fluch über Israel ausspricht, und weigert sich zunächst zu gehen. Nach gebührender Warnung wird ihm jedoch schließlich erlaubt, zu gehen, sowohl bevor er sich auf den Weg macht, als auch erneut, wenn der Engel sich ihm auf dem Weg widersetzt, und nichts anderes zu sagen als das, was Gott ihm in den Mund legt. Das Endergebnis ist, dass er Israel segnet und Moab verflucht.

Der Leser sollte sich nicht durch das scheinbare Eingeständnis beunruhigen lassen, dass mit einer Fluch- oder Segensformel eine magische Kraft verbunden ist, da es in der Geschichte nicht darum geht, zu lehren, dass Flüche wirksam sind oder nicht, sondern darum, ob sie wirksam sind oder nicht לֹא ○ נַחַשׁ יַעֲקֹב בְּ וְלֹא קֶסֶם רָאֵל ○○יִשׂ was, obwohl es normalerweise anders übersetzt wird, treffend wiedergegeben werden kann: „Es gibt keinen Zauber gegen Jakob und keine Wahrsagerei gegen Israel." (Numeri 23,23.) In der rabbinischen Tradition ist die Geschichte von Bileams Dialog mit seinem Esel der klassische Text für die Predigt einer humanen Behandlung von Tieren. Es ist immer noch in der Lage, diese Moral zu erfüllen.

Der Vorfall mit dem Eid der Stämme Ruben, Gad und Manasse hat eine sehr offensichtliche Moral, da er auf jüdischer Einheit und Zusammenarbeit besteht . „Wir werden nicht in unsere Häuser zurückkehren, bis die Kinder Israel einem jeden sein Erbe geerbt haben." (Numeri 32, 18.) Die Befürchtung Moses, dass die vorzeitige Besiedlung der transjordanischen Stämme zu einer Spaltung Israels führen könnte, war angesichts der späteren Ereignisse, als die Entwicklung lokaler Stammesgerichtsbarkeiten die Existenz der Stämme beinahe bedrohte, sicherlich berechtigt Nation in den Tagen der Richter.

**Ziel.** Den Glauben des Kindes an Gottes Wahl Israels stärken.

**Vorschläge für den Lehrer.** Bei der Erzählung über die Kriege Israels würden natürlich alle erschütternden Details weggelassen und die Betonung nicht auf den Kampf, sondern auf den Sieg gelegt, den Israel mit der Hilfe Gottes errungen habe. Einen guten Anhaltspunkt für den Beginn der Geschichte könnte man erhalten, wenn man sich die Erzählung des Berichts der zehn Spione und die Strafe in Erinnerung ruft, zu der Israel aufgrund der Annahme dieses Berichts verurteilt wurde.

Zeigen Sie dann, wie Gottes Strafe an das Vergehen angepasst wurde, indem sie Israel die Möglichkeit gab, eine Generation tapferer Männer in der freien Atmosphäre der Wildnis großzuziehen. Stellen Sie sicher, dass das Kind den Vorteil der Ausbildung in der Wildnis für die neue Generation gegenüber der Erfahrung seiner Väter in Ägypten versteht. Es genügt nicht, die Sache abstrakt darzulegen, sondern verdeutlichen Ihren Standpunkt durch wiederholte Veranschaulichung wie folgt:

„Viele Jahre waren nun vergangen, seit die Kinder Israels die zehn Kundschafter geschickt hatten und man ihnen gesagt hatte, dass sie das Gelobte Land nicht betreten könnten, bis alle erwachsenen Männer jener Zeit gestorben wären. In diesen Jahren waren fast alle dieser Generation gestorben Sie hatten Angst gehabt, in das Land hinaufzuziehen, waren gestorben, und ihre Söhne und Töchter, die damals Kinder gewesen waren oder noch nicht einmal geboren worden waren, waren nun zum Mann herangewachsen. Und sie waren eine ganz andere Generation als sie was ihre Väter gewesen waren. Erstens unterschieden sie sich im Aussehen. Ihre Väter, die in ihrer Jugend Sklaven des Pharao gewesen waren, waren mit gebeugten Rücken aufgewachsen, weil sie die Lasten tragen mussten. Viele von ihnen waren dauerhaft geschwächt und selbst deformiert durch die harte Behandlung, die sie in Ägypten erfahren hatten. Aber ihre Kinder, die in der Wildnis aufgewachsen waren und ihr ganzes Leben im Freien verbracht hatten, mit viel frischer Luft und gesunder Bewegung und ohne jemanden, der sie arbeiten ließ bei den Wehen, die ihnen zu schwer waren, wuchsen aufrecht und kräftig, breitschultrig und muskulös auf, wie gut trainierte Sportler. Sie unterschieden sich im Aussehen so sehr wie ein armer Hausierer, der seinen Rucksack auf den Schultern trägt, von einem starken und kräftigen Landarbeiter.


„Sie unterschieden sich nicht nur im Aussehen, sondern auch im Charakter. Die Sklaverei hatte ihre Väter zu Feiglingen gemacht. Der kleinste Akt des Ungehorsams gegenüber den Aufsehern, der sofortige Strafe nach sich zog, hatte sie gelernt, jeden Feind zu fürchten. Zweifellos waren es ihre Väter gewesen." Schon in ihrer Kindheit warnten sie davor, einen Ägypter anzugreifen, ganz gleich, was er tat, weil sie am Ende dafür leiden müssten. Und so hatten sich ihre Väter daran gewöhnt, sich selbst für zu schwach zu halten, um zu kämpfen, und als sie die kanaanitischen Krieger sahen, waren sie es sagte: „Im Vergleich zu ihnen sind wir wie Heuschrecken." Aber ihre Söhne, die in der Wildnis aufgewachsen waren, wussten nicht, was Furcht bedeutet. Sie waren an Not und Gefahren gewöhnt, denn in der Wildnis wimmelte es von allerlei wilden Tieren und wilden Menschen, und das hatte sie zu Tapferkeit erzogen Außerdem sahen sie von Kindheit an, wie Gott seinem Volk bei jedem Schritt half, wie er ihnen am Roten Meer half, wie er sie mit Manna ernährte usw., und sie sagten sich: „Da Gott mit uns ist, brauchen wir. " Fürchtet euch nicht, was kann uns der Mensch antun?"'

Sie sind nun in der Lage, von den Feldzügen gegen Sihon und Og zu berichten, indem Sie die Friedensangebote hervorheben, deren Ablehnung die Invasion rechtfertigte, und sich mit dem Triumphgefühl der Israeliten befassen, das sich aus ihren Siegen ergab, in denen sie das sahen Beginn der Verwirklichung von Gottes Versprechen, ihnen das Land Kanaan zu geben.

Dies ist ein guter Punkt in der Erzählung, um die Route der Märsche Israels durch die Wildnis zu verfolgen und die wichtigen Orte auf der Karte zu lokalisieren.

Achten Sie beim Erzählen der Geschichte von Balak und Bileam darauf, dem Kind keinen abergläubischen Glauben an die Wirksamkeit eines Fluchs zu vermitteln, nicht nur, weil Aberglaube an sich böse ist, sondern auch, weil die Verbindung von Religion und Aberglaube für Ersteres sehr gefährlich wird Das Kind erreicht ein Alter, in dem es aller Wahrscheinlichkeit nach die Unzumutbarkeit des Aberglaubens erkennen wird. Machen Sie deutlich, dass Balaks Entsendung nach Bileam, um Israel zu verfluchen, nicht bedeutet, dass Bileam diese Macht tatsächlich besaß, sondern lediglich, dass Balak glaubte, er besitze sie gemäß dem Aberglauben seiner Zeit. Der Sinn der Erzählung sollte im Unbehagen von Balak liegen, der lehrt, dass kein Mensch effektiv fluchen kann, wenn Gott auf Segen aus ist, und dass Gott Israel zum Segen bestimmt hat. Stellen Sie diese Erklärung nicht als Abschweifung von der Geschichte dar, sondern verweben Sie sie durch Vorschläge wie folgt in die Erzählung selbst:

„Und Balak, der König von Moab, hatte gehört, dass in Mesopotamien ein berühmter Zauberer namens Bileam lebte, und dass, wen auch immer dieser Bileam segnete, Glück haben würde, und wen er verfluchte, Unglück, und weil er sehr abergläubisch war Wie die meisten Menschen seiner Zeit glaubte er, dass Bileam wirklich über diese Macht verfügte, und sandte ihm Geschenke, um ihn zu überreden, nach Moab zu kommen und Israel für ihn zu verfluchen, damit die Israeliten im Kampf besiegt würden.

Versuchen Sie nicht, das Wunder, dass der Esel zu Bileam gesprochen hat, zu rationalisieren. Wenn das Kind wissen möchte, wie es dem Esel möglich war, zu sprechen, antworten Sie, dass es für Gott nicht schwieriger ist, einem Tier die Macht zu geben, zu sprechen, als einem Menschen. Kein Baby wird mit der Fähigkeit zum Sprechen geboren und wir lernen nur sprechen, wenn Gott uns die Kraft und Intelligenz gibt. Indem man die Frage auf diese Weise beantwortet, verbindet man das Alltägliche mit dem Mysterium, das mit dem Übernatürlichen verbunden ist. Durch den Versuch einer Rationalisierung würde man alles auf die Ebene des Alltäglichen reduzieren. In einem späteren Alter, wenn der Schüler ein Konzept des Naturgesetzes entwickelt hat, wird sich diese Antwort möglicherweise nicht als zufriedenstellend erweisen, aber es wäre absurd, eine philosophische Versöhnung des Natürlichen und des Übernatürlichen für Kinder in einem Alter zu versuchen, in dem ihnen das Konzept von beidem fehlt .

# Kapitel XVI

## DER TOD DES MOSE
### Numeri 27,12 bis 23. Deuteronomium 31,14 bis 34,12

**Deutung.** Der biblische Bericht über den Tod Moses bedarf in seiner beeindruckenden Einfachheit kaum einer Stellungnahme. Es bildet den würdigen Abschluss der Geschichte des Lebenskampfes des größten Propheten. Es liegt ein unendliches Pathos in der Vorstellung, dass er nie den Boden betreten hat, zu dem er sein Volk vierzig Jahre lang trotz Undankbarkeit, Verleumdung und Rebellion geführt hat. Aber es liegt auch eine besondere Eignung in diesem Schicksal, denn es erhebt alle seine Bemühungen zum Wohle seines Volkes über die Reichweite jeglicher Beeinträchtigung hinaus, die auf dem Vorwurf des Eigennutzes beruht. Nachdem ihm klar geworden ist, dass es ihm nicht gestattet sein wird, das Gelobte Land zu betreten, setzt er sich weiterhin mit der gleichen Standhaftigkeit für sein Volk ein. Er wiederholt ihre Geschichte und ermahnt sie mit leidenschaftlichen Worten in Liedern und Prophezeiungen, dem Bund treu zu bleiben, da das Leben der Nation davon abhängt. Und er sorgt zu seinen Lebzeiten für einen Nachfolger für seine Arbeit und sichert ihm die Treue des Volkes. Dann, nachdem sein Lebenswerk vollendet ist, ihm aber jede irdische Belohnung dafür vorenthalten wurde, steigt er den Berg hinauf, um das Land der Verheißung zu erblicken, und stirbt zufrieden damit, in einer prophetischen Vision die Vollendung zu sehen, die ein weniger göttlich sanftmütiger Mensch in der Verwirklichung erwartet hätte . „Niemand weiß von seinem Grab." So wie er sich im Leben damit begnügte, für Gott zu leben und ihm die Ehre zu geben, so hinterließ er auch in seinem Tod kein Zeichen, das ihm die gebührende Ehrfurcht vor dem Gott, dem er diente, erwecken könnte, und rettete so das Judentum vor der Menschenverehrung, die ihm galt Andere Religionen sind Opfer geworden, weil sie ihre Religion mit der Persönlichkeit ihres Gründers identifizieren. „Und der Mensch Mose war sehr sanftmütig, mehr als alle Menschen, die auf der Erde waren" (Numeri 12,3) und deshalb: „Seitdem ist in Israel kein Prophet mehr aufgestanden wie Mose, den der Herr." von Angesicht zu Angesicht wusste; in allen Zeichen und Wundern, die der Herr ihn gesandt hatte, um sie im Land Ägypten zu tun, am Pharao und an allen seinen Dienern und an seinem ganzen Land; und an all der mächtigen Hand und an allem der große Schrecken, den Mose vor den Augen ganz Israels anrichtete." (Deuteronomium 34, 10 bis 12.)

**Ziel.** Das Ziel dieser Lektion sollte darin bestehen, im Kind eine ehrfürchtige Wertschätzung der Persönlichkeit Moses zu kultivieren, die nicht nur in dem Versuch mündet, seine Tugenden nachzuahmen, sondern in dem Wunsch, seinem Gesetz im Einklang mit dem darin zum Ausdruck gebrachten Gefühl treu zu bleiben der Vers: „Moses hat uns ein Gesetz geboten, ein Erbe der Gemeinde Jakobs." (Deuteronomium 33. 4.)

**Vorschläge für den Lehrer.** In dieser Lektion gibt es verhältnismäßig wenig Erzählung, und das, was darin enthalten ist, wird keine Schwierigkeiten bereiten. Wenn Sie erzählen, wie Moses das Volk vor seinem Tod ansprach, lesen Sie sorgfältig ausgewählte Auszüge aus dem Buch Deuteronomium. Wenn die Klasse in ihrer hebräischen Arbeit die Übersetzung des שְׁמַע (Deuteronomium 6, 4 bis 9) und שָׁמֹעַ gelernt hat וְהָיָה אִם (Deuteronomium 11, 13 bis 21) oder wenn den Schülern beigebracht wurde, sie zu Hause aufzusagen, nehmen Sie diese Teile in die Auswahl auf und machen Sie die Kinder darauf aufmerksam, dass diese Wörter, die sie täglich sagen, zu den letzten Wörtern gehören Er wollte, dass die Menschen sich nach seinem Tod daran erinnern und sie ihre Kinder lehren, und dass wir, wenn wir sie sagen und danach leben, den Willen des großen Gesetzgebers unserer Nation ausführen. Dies soll dazu dienen, den Gebeten des Kindes einen zusätzlichen Sinn und Wert zu verleihen und den Geschichtsunterricht mit seinem täglichen Leben zu verbinden. Weitere Passagen, die zum Vorlesen für Kinder geeignet sind, sind Deuteronomium 3, 23 bis 4, 10, außerdem 4, 32–40 und 28, 1–4, 30, 15–20 und 32, 7–18.

Nehmen Sie sich bei der Unterrichtsbesprechung mit der Klasse nach der ersten Präsentation die Gelegenheit, das Leben von Moses noch einmal Revue passieren zu lassen, um die hervorstechenden Charakterzüge seines Charakters hervorzuheben. Nennen Sie Beispiele, die Moses' strengen Sinn für Gerechtigkeit, seinen Mut, seine Bescheidenheit, seine Bereitschaft zur Vergebung usw. veranschaulichen, und versuchen Sie, so viele Beispiele wie möglich zu erhalten, damit das Ergebnis tatsächlich ein Rückblick auf das Leben von Moses ist. Achten Sie sehr darauf, Ihre Fragen nicht zu vage zu formulieren. Daher wäre es nicht ausreichend, einfach zu sagen: „Wer kann mir eine Begebenheit im Leben Moses erzählen, die seine Bescheidenheit zeigt?" insofern das abstrakte Substantiv „Bescheidenheit" für das Kind in dem Alter, in dem diese Geschichte normalerweise unterrichtet wird, wenig Bedeutung hat. Es wäre viel besser zu sagen: „Ein Grund dafür, dass Moses so groß war, war, dass er bescheiden war, das heißt, er dachte nie an die Ehre, die andere ihm als Anführer schuldeten, oder war in seinem Herzen deswegen prahlerisch." die großen Dinge, die er getan hatte, und war immer bereit, das Gute in anderen zu sehen und zuzugeben, wann immer er falsch lag. Kann mir jemand von euch ein Beispiel aus dem Leben von Moses nennen, das zeigt, dass er sich selbst nicht für einen großen Mann hielt? Können Sie mir ein Beispiel geben, um zu zeigen, dass es ihm nicht um Ehrungen ging? um zu zeigen, dass er bereit war, den Rat anderer zu befolgen, oder um zuzugeben, dass er Unrecht hatte, wenn das der Fall war?"

Nachdem Sie eine ausreichende Anzahl von Antworten erhalten haben, die die Bescheidenheit Moses veranschaulichen, schreiben Sie sie folgendermaßen an die Tafel:

Moses war bescheiden,

1. Er zögerte, das Volk aus Ägypten herauszuführen.

2. Er würde Eldad und Medad nicht dafür tadeln, dass sie prophezeiten.

3. Er verhüllte sein Gesicht, als es schien.

4. Er nahm die Strafe für seine Sünde ohne Klage hin.

Dann machen Sie dasselbe mit anderen Charakterzügen von Moses, bis jeder Vorfall in der Karriere von Moses auf der Grundlage seiner moralischen Bedeutung auf diese Weise klassifiziert wird. Der Wert dieser Übung besteht darin, dass sie gleichzeitig nicht nur als Rückblick auf die Ereignisse im Leben Moses, sondern auch auf deren Bedeutung dient und darüber hinaus den Schülern Übung für ihr moralisches Urteilsvermögen bietet. Der Erfolg dieser Übung wird weitgehend von der Fähigkeit des Lehrers abhängen, seine Fragen einfach und kurz zu formulieren und sie der Klasse auf eine animierte Art und Weise so vorzustellen, dass sie den Eindruck erweckt, dass das Finden der richtigen Antworten irgendwie schwierig ist Spiel, das sie spielten.

Nachdem die Hauptereignisse im Leben Moses auf diese Weise entsprechend den Charakterzügen, die sie aufweisen, an der Tafel klassifiziert wurden, wäre eine weitere hilfreiche Übung, die Klasse sie in ihrer chronologischen Reihenfolge neu anordnen zu lassen und sie den drei Perioden von Moses Leben zuzuordnen. Leben,

1. Sein Leben, bevor er den Ruf erhielt, sein Volk zu retten,

2. Sein Widerstand gegen den Pharao,

3. Seine Führung der Menschen in der Wildnis.

Diese zweite Klassifizierung könnte als Entwurf für einen Aufsatz über das Leben Moses dienen, den die Kinder am Ende des Semesters als Zusammenfassung ihrer Jahresarbeit einreichen könnten.

# FUSSNOTEN:

[1] Wann immer eine *Haggada* zur Erläuterung einer Bibelstelle nützlich ist, kann sie als Teil der Bibellektion gelehrt werden. Aber der Lehrer sollte es vermeiden, solche Legenden zu lehren, die die biblische Bedeutung falsch darstellen könnten, und sogar solche, die für das Thema lediglich irrelevant sind, wie zum Beispiel die Legende von Abrahams Verfolgung durch Nimrod, denn wir müssen darauf achten, dass diese Legenden die Bedeutung nicht an sich reißen einzigartiger Platz, den die Bibel als Thora im jüdischen Leben und Denken einnehmen muss. Die *Haggada* ist nicht maßgeblich; die Bibel ist.

[2] Siehe zum Beispiel Genesis 19, 16, 17; 31. 11 bis 13; 32. 25 bis 31; 48. 15 bis 16. Exodus 3. 2 usw.; 23. 20 bis 22. Richter 2. 1 bis 2; 4. 12 bis 14; 13. 17 bis 18, 21 bis 22.

[3] Auf die Bedeutung dieses Sachverhalts kann hier nicht näher eingegangen werden. Eine interessante Behandlung davon findet sich in Wieners Essays in Pentateuchal Criticism. Seiten 47-53.

[4] Zu irgendeinem Zeitpunkt vor der Verbannung der zehn Stämme von unserer Rasse als dem jüdischen Volk zu sprechen, ist sicherlich ein Anachronismus, aber wir verwenden ihn, weil das Kind weiß, dass es und seine Freunde Juden sind, bevor es das weiß sie sind Israeliten oder Hebräer.

[5] Der interessierte Lehrer wird sie in Sulzbergers „Am Haaretz" besprochen finden.

[6] Im Hebräischen gibt es Medaniter .

[7] Essays in Pentateuchal Criticism, Seiten 47-53.

[8] Veranschaulichen Sie dies nicht an der Tafel, da die jüdische Stimmung es für respektlos hält, den Namen Gottes auf etwas zu schreiben, von dem er später gelöscht oder beiseite geworfen und zerstört wird. Illustrieren Sie stattdessen anhand gedruckter Bücher. Wenn von Kindern verlangt wird, den Namen Gottes an die Tafel zu schreiben , sollte ihnen beigebracht werden, einfach den Anfangsbuchstaben „G" auf Englisch oder ד oder ה auf Hebräisch zu schreiben.

[9] Da die Opfer mit der Zerstörung des Tempels aufgehört haben, erfüllt das Essen des Mahls als Teil des Seder-Gottesdienstes diesen Zweck. Bei dieser Mahlzeit wird das Osterlamm symbolisch durch den gerösteten Knochen dargestellt und es werden *Ma ẓẓ ot* und *Maror* gegessen.

[10] In der Neuzeit acht Tage in der Diaspora.

[11] Natürlich ist eine solche Herangehensweise nur dann möglich, wenn das Kind Gottesdienste besucht, aber es ist äußerst wichtig, dass jede Religionsschule für den Besuch eines regelmäßigen Gottesdienstes sorgt.

[12] Weitere Vorschläge in diesem Zusammenhang finden Sie in Teil II, Kapitel IV dieses Buches.

[13] Siehe Teil I, Kapitel IX.

[14] Gute Abbildungen der Stiftshütte und ihrer Ausstattung sowie der Priestergewänder finden sich unter Tissots Bibelillustrationen.

[15] Es gibt keine direkten Beweise dafür, dass dies Teil der Verehrung der Stiftshütte war, aber wir wissen, dass es Teil der Verehrung im Tempel war, und da Hymnen in alten Ritualen üblich sind, ist unsere Aussage wahrscheinlich richtig.